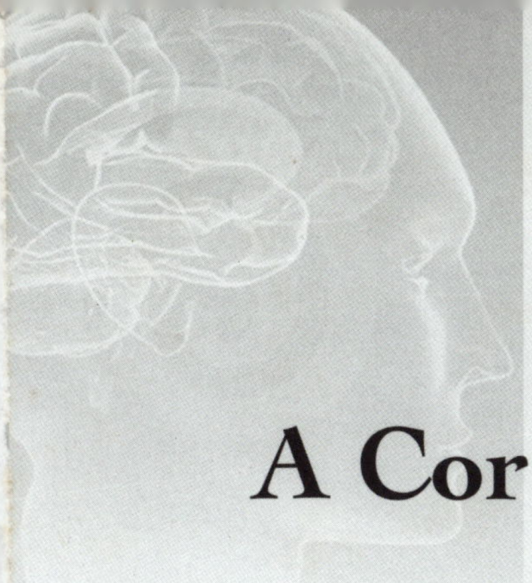

A Cor do Seu Cérebro

Sheila N. Glazov

A Cor do Seu Cérebro

Sheila N. Glazov

Tradução: Mariângela Vidal Sampaio Fernandes

Editora Novo Conceito

Título original: What Color is Your Brain?
Este livro foi publicado originalmente em língua inglesa por Slack, Inc.
Thorofare, New Jersey, USA

Editora: Marília Mendes
Produtora Gráfica: Josiane Sozza
Comercial: Rubens Barbosa
Tradução: Mariângela Vidal Sampaio Fernandes
Preparação de Texto: Marcos Antonio Gimenes
Revisão de Texto: Beatriz Simões e Henrique Zanardi
Diagramação e Editoração: Triall
Capa: Rudy Mateus
Imagens da Capa: Stockxpert
Este livro segue o Novo Acordo Ortográfico da Língua Portuguesa

Dados Internacionais de Catalogação na Publicação (CIP)
(Câmara Brasileira do Livro, SP, Brasil)

Glazov, Sheila N.
A cor do seu cérebro / Sheila N. Glazov ; tradução Mariangela Vidal Sampaio Fernandes. -- São Paulo : Novo Conceito Editora, 2009.
Título original: What color is your brain?
ISBN 978-85-99560-60-0
1. Cor - Aspectos psicológicos 2. Indicador de tipos Mayers-Briggs 3. Tipologia (Psicologia) I. Título.

09-00630 CDD-155.264

Índices para catálogo sistemático:

1. Tipologia : Psicologia individual 155.264

Editora Novo Conceito
Rua Dr. Hugo Fortes, 1885
Pq. Ind. Lagoinha – 14095-260 – Ribeirão Preto – SP
www.editoranovoconceito.com.br

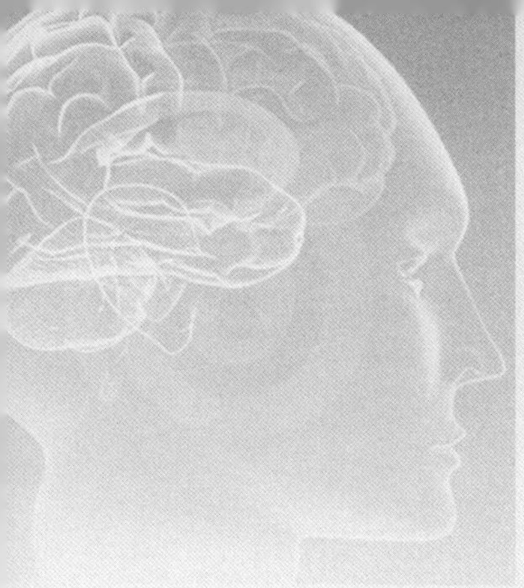

Dedicatória

A minha mãe e mentora, Sylvia Newman: sou grata a ela pelas dádivas do seu Cérebro Amarelo, como a tenacidade, o estilo criativo e a "edunestidade".[1]

A meu pai e professor, Alexander I. Newman: sou grata pelas dádivas do seu Cérebro Verde, como o comprometimento, a erudição e a "tzedaka".

A meu marido e companheiro, Jordan: agradeço pelas dádivas do seu Cérebro Azul, como o amor, a honestidade, o encorajamento e a generosidade.

A meu amigo e editor, John Bond: agradeço pelas dádivas do seu Cérebro Laranja, como o entusiasmo e o "espírito de aventura".

1 Houve a reunião das palavras "respectful" e "dependable", que traduzi respectivamente por "educado" e "honesto", daí "Edunesto" (N. da T.).

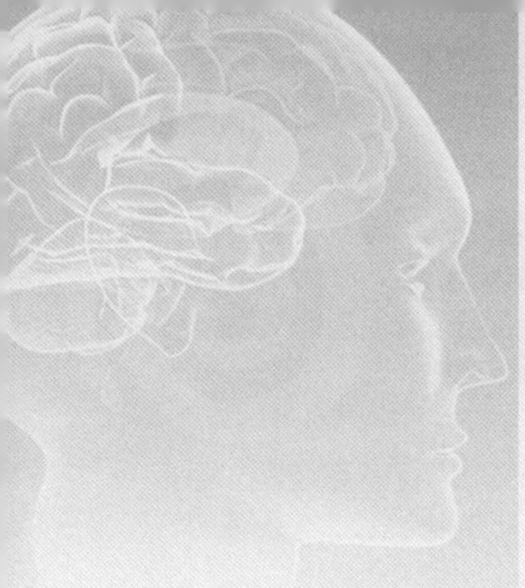

Sumário

Dedicatória v
Sumário vii
Agradecimentos xi
Sobre a Autora xiii
Introdução xv

Parte 1 O Conceito das Cores do Cérebro

Capítulo 1
Teste das Cores do Cérebro "Sem Resposta Certa ou Errada" 3

Capítulo 2
Reconheça o Potencial e as Perspectivas das suas Cores do Cérebro ... 7

Capítulo 3
Aprecie as Diferenças 11

Capítulo 4
Compreenda sua Combinação de Cores 17

Capítulo 5
O Modo como as Outras Cores Percebem Você 23

Capítulo 6
Destaque-se em Condições Ideais 31

Parte 2 Conexões Interpessoais Entre as Cores do Cérebro

Capítulo 7
Relações Românticas 41

Capítulo 8
Relações no Ambiente de Trabalho 49

Capítulo 9
Relações com Familiares e Amigos 55

Capítulo 10
Relações com Crianças 63

Parte 3 Comunicação Entre as Cores do Cérebro

Capítulo 11
Relações com Crianças 75

Capítulo 12
Conecte-se aos Outros e Crie Harmonia 81

Capítulo 13
Solucionando Conflitos sem Dificuldade 89

Capítulo 14
Você Pode Mudar a sua Cor do Cérebro 95

Capítulo 15
Tomada Eficiente de Decisões ... 99

Capítulo 16
Celebre as Festas sem Confusão ... 105

Capítulo 17
Dicas e Frases Úteis ... 111

Capítulo 18
Epílogo ... 117

Bibliografia ... 119

Índice ... 123

Entrevista com a Autora ... 127

Índice das Tabelas

Teste das Cores do Cérebro "sem Resposta Certa ou Errada" ... 5
Potenciais e Perspectivas do Cérebro ... 9
De que Modo os Outros Percebem Suas Cores do Cérebro ... 26
A Perspectiva Romântica do Cérebro ... 44
O que Frustra um Colaborador ... 51
A Perspectiva de um Chefe ... 52
A Perspectiva de Parentes e Amigos ... 58
A Perspectiva de uma Criança ... 66
Solucionando Conflitos sem Dificuldade ... 93
Tomada Eficiente de Decisões conforme as Cores do Cérebro ... 101
Celebre as Festas sem Confusão ... 106

Agradecimentos

O meu Cérebro Laranja adora um desafio. No entanto, para o meu Cérebro Azul, esta parte do livro se mostrou uma das mais difíceis. Não foi fácil colocar em palavras o quanto eu admiro meu marido, filhos, netos, meus familiares, amigos e colegas. Sou grata à sua generosidade e valorizo muito os inúmeros atributos e habilidades dos seus Cérebros Coloridos, que ajudaram a transformar este livro em realidade.

Meu Cérebro Amarelo analisou as pessoas conforme o tipo de ajuda que eu acreditava que suas cores poderiam me oferecer, o que não é necessariamente o mesmo modo como cada uma delas vê a si própria. Para ser justa, meu Cérebro Verde listou o nome de cada uma delas em ordem alfabética.

Para cada um de vocês que me ofereceu sua "dádiva admirável" de amor, amizade, encorajamento ou conhecimento, minha gratidão é maior que posso expressar em palavras!

Agradeço do fundo do meu Coração Azul!

Cérebros Amarelos

Linda Baker, John Bond, Beverly Berman, Michelle Bracken, Carol Campbell, John Carter, Martha Christens, Maureen Cipriano, Michele Clerici, Frances Cornacchiul, Miss Dottie e Miss Cohen, Joan Fessler, Michelle Gatt, Anne Hildebrand, Holly Lampier, Sue Lewis, Tina Meeke, Carol Pape, Diane

Pryde, Allyson Sachs, Kim Shigo, Elaine Siegel, Rob Smentek, Michelle Lanter Smith, Penelope Steiner e Debra Toulson.

Cérebros Azuis

Barrigton Area Professional Women, Troby Brockman, John DeBerry, Lori Dony, Sharon Edwards, Marilyn Elrod, Rob Esgro, D.N. Evans, Ashton Beau Glazov, Kelly Glazov, Sheryl Glazov, Yasmin Glazov, John Guarrine, Doug Gustafson, Hawthorn Woods Women's Club, Raymond Hinkle, Rosanne Hitchcock, Mary Ann Kolker, Jody Lewis, Alison Glazov Liguori, Olivia Mellan, Pam Purcell, dra. Jane Richards, Michael P. Scott, Helene Shore Schwartz, Denise Blum Sepos, Doris Shriebman e Cindi Waller.

Cérebros Verdes

Gordon Alper, Caryn Amster, Bill Amster, John Bracken, John Campbell, Peter Elsner, Jordan Glazov, Janene Harris, Bob Mazanke, Mary Merz, Ken Neubauer e Pavlin Panayotov.

Cérebros Laranja

Sue Dobbe, Rob Esgro, Theresa Fenske, Noah Glazov, Toby Harris, Evelyn Hopkins, Amy Margolin, Peter Slack, Alan Smollen, Carolyn Swan e Sandi Washer.

Sobre a Autora

Sheila Glazov é uma autora premiada, palestrante, educadora e consultora em tipos de personalidade, criatividade e autoestima. Já apareceu nos canais de televisão CNN, ABC, NBC, Fox, Lifetime e WGN. Foi entrevistada por estações de rádio em todos os Estados Unidos e foi citada pelos jornais *The Wall Street Journal*, *Chicago Tribune* e *Chicago Sun-Times*.

Sheila é a criadora do workshop *What Color Is Your Brain?*® e autora do livro infantil *Princess Shayna's Invisible Visible Gift*, sem edição no Brasil. A autora também ministra palestras nos Estados Unidos, Canadá, Europa e América do Sul, e já apresentou o seu workshop para clientes como Motorola, Sears, CB Richard Ellis, Pulte Homes, Quill Corporation, Academia Americana de Pediatria, Sistema de Saúde Washoe, Sociedade de Mulheres Engenheiras, Iniciativa de Liderança Feminina, Universidade de Clemson, escolas públicas de Chicago e Instituto de Associações Comunitárias. Incentivar jovens e adultos a reconhecer e respeitar o melhor em si mesmos e nos outros é a essência dos livros e workshops da autora.

Sheila Glazov possui o grau de bacharel em Ciências da Educação da Universidade Estadual de Ohio, graduou-se em Liderança Criativa pela Universidade Disney e pelo Festival de Verão de Literatura de Iowa, Instituto de Resolução Criativa de Problemas e Instituto McNellis de Planejamento Criativo. Sheila lecionou para o terceiro grau e ESL (English as a Second Language) para o ensino médio. Sheila Glazov é professora adjunta da Faculdade William Rainey Harper e professora convidada nas Universidades De Paul, Penn State, Northwood e Roosevelt. O periódico *Today's Chicago Woman* a elegeu como uma das "100 Mulheres Que Fazem a Diferença" por seu empreendedorismo no campo da criatividade. Sheila Glazov é membro da Associação Nacional de Palestrantes, da Sociedade de Escritores e Ilustradores de Livros Infantis, da Comissão Estadual de Illinois para a Condição Feminina, da Associação Americana de Mulheres Universitárias e membro do conselho de diferentes organizações comunitárias.

Sheila Glazov e seu marido vivem na região de Chicago, nos Estados Unidos. Seus dois filhos e noras são os pais de seus queridos dois netos.

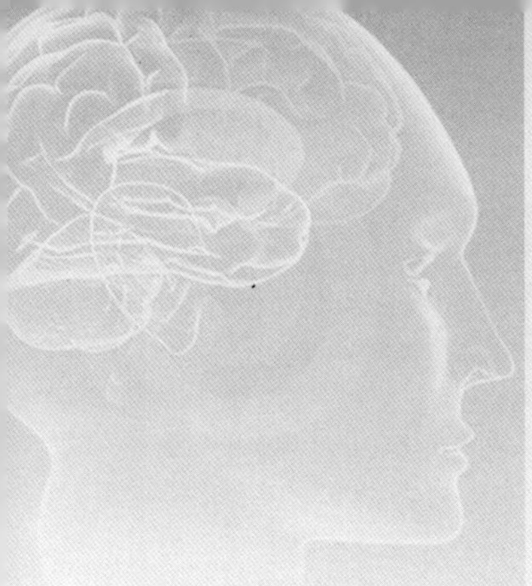

Introdução

Bem-vindo à celebração de *A Cor do seu Cérebro*. Por favor, sinta-se à vontade, pois você é o convidado de honra.

Eu tenho um presente sobre o qual você sabe muito ou quase nada, mas com certeza não sabe como se chama. Seu presente é o livro *A Cor do seu Cérebro*, uma abordagem divertida e fascinante que auxilia na compreensão e na valorização de si mesmo e dos outros, resolve conflitos rapidamente, constrói relacionamentos harmoniosos e aprimora seu desempenho profissional.

Você já se pegou pensando por que algumas pessoas são "uma dor de cabeça" e outras alegram nosso coração? A resposta ficará clara assim que você descobrir de que cor é o seu cérebro. Eu posso garantir que aprender *A Cor do seu Cérebro* não exige esforço, é educativo e agradável. Possui aplicações práticas que você pode implementar imediatamente em cada aspecto de sua vida.

Desenvolvi *A Cor do seu Cérebro* como uma introdução ao meu workshop sobre planejamento criativo na resolução de problemas. Tentei criar um ambiente livre de julgamentos, que eliminasse a crítica e aumentasse o reconhecimento pelas ideias de cada pessoa.

Os fundamentos para *A Cor do seu Cérebro* estão no Indicador de Tipos Mayers-Briggs ou MBTI®, um respeitável instrumento de avaliação *self-reporting* que Isabel Briggs Myers e Katharine Cook Briggs desenvolveram em 1942, baseadas nas quatro funções da personalidade, estabelecidas por Carl Jung: sensação, pensamento, intuição e sentimento. Elas utilizaram a combinação de

16 letras para identificar os traços da personalidade. Acredito que o MBTI® e outras propostas similares possam oferecem informações válidas e valiosas no âmbito de um negócio específico, ambientes de trabalho ou em carreiras profissionais. Entretanto, a utilização de tantas letras, termos e símbolos é complicada para os jovens e, muitas vezes, confusa para os adultos, especialmente para os disléxicos.

Percebi que as pessoas respondem positivamente a *A Cor do seu Cérebro* porque o método:

- utiliza apenas quatro cores;
- não rotula as pessoas;
- é facilmente lembrado tanto por adultos quanto pelos mais jovens;
- funciona como uma ponte para conexão no trabalho, em casa, na escola e na comunidade.

Um supervisor hospitalar me disse uma vez: "Tenho tentado treinar minha equipe em serviços de atendimento ao cliente e em como compreender as pessoas; eu apenas não sabia que existiam cores para me ajudar a fazê-lo".

Não ficaria surpresa se o título *A Cor do seu Cérebro* tenha chamado sua atenção. Somos naturalmente curiosos a respeito de nós mesmos e dos outros. A enorme quantidade de programas de rádio e televisão, websites e revistas confirma a curiosidade e fascinação que temos em relação a pessoas famosas, celebridades instantâneas, pessoas comuns e o que acontece em suas vidas.

A Cor do seu Cérebro oferece a oportunidade de você olhar para si mesmo, para seus relacionamentos e também mostra como é possível se comunicar sem os limites estabelecidos aos quais você já está acostumado ou conheceu por meio de outros livros. *A Cor do seu Cérebro* é uma proposta simples e direta que vai ajudá-lo a:

- reconhecer e respeitar o melhor em si mesmo e nos outros;
- compreender as diferentes perspectivas dos outros;
- rir de suas próprias manias;
- comunicar-se "em cores";
- equilibrar sua vida pessoal e profissional.

Eu aconselho que você comece a apreciar seu presente pela leitura do capítulo 1, *Teste das Cores do Cérebro "Sem Resposta Certa ou Errada"*, e capítulo 2, *Reconheça o Potencial e as Perspectivas das suas Cores do Cérebro*. Esses dois capítulos esclarecem por que o livro possui conteúdo e tabelas detalhados, anedotas e citações, métodos inovadores de resolução de problemas, além de um divertido material de leitura.

Aproveite os outros capítulos, lendo-os na ordem que melhor funcione para você. Tenha o *A Cor do seu Cérebro* como um livro de referência na sua mesa de trabalho, na maleta do escritório, na sua mesa de cabeceira ou no local de leitura preferido.

Um dos atributos coloridos do meu cérebro é o entusiasmo e, frequentemente, as pessoas me dizem que meu entusiasmo pelo livro *A Cor do seu Cérebro* é contagioso. Com certeza, tenho muita vontade de compartilhar meus dados, histórias e experiências com você. Sinto-me honrada e feliz quando as pessoas compartilham sua experiência de ler *A Cor do seu Cérebro* comigo e me contam como o livro mudou suas vidas. Se você deseja também compartilhar suas histórias sobre *A Cor do seu Cérebro* comigo e outras pessoas, por favor, envie-as para www.whatcolorisyourbrain.com. Algumas respostas selecionadas serão colocadas no site.

Celebre as Cores do Cérebro honrando a si mesmo e compartilhando sua "dádiva colorida" com os outros.

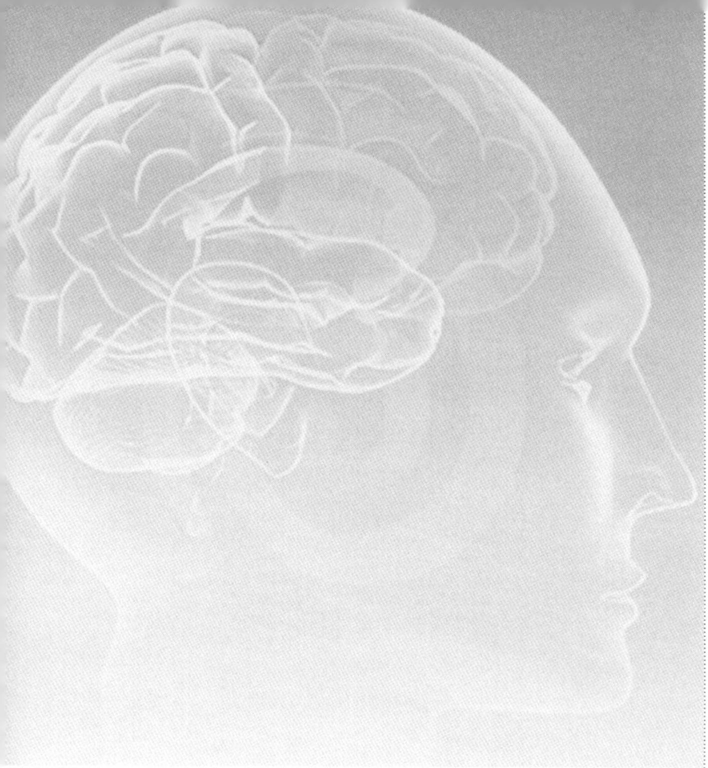

PARTE 1

O Conceito das Cores do Cérebro

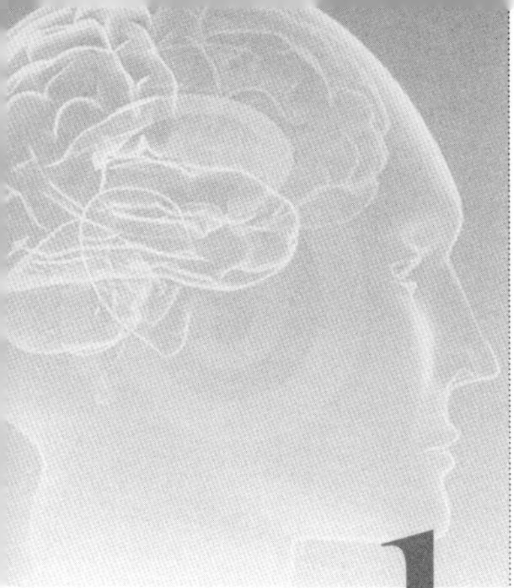

CAPÍTULO 1

Teste das Cores do Cérebro "Sem Resposta Certa ou Errada"

O Teste das Cores do Cérebro "Sem Resposta Certa ou Errada" traça um perfil simplificado da personalidade e oferece uma ferramenta visual para analisar suas características e, também, um método para reconhecer seus atributos e capacidades.

Uma experiente enfermeira, responsável por testes de admissão, disse recentemente: "Quando eu e meus colegas temos um intervalo, gosto de compartilhar informações sobre as Cores do Cérebro com eles. Começa como uma forma de relaxamento e distração". 'Qual é a cor do meu cérebro? É um teste com perguntas e respostas?', as pessoas indagam, enquanto observam o site *What Color Is Your Brain*? (Qual É a Cor do Seu Cérebro?). Eu lhes respondo que não existem cores certas e cores erradas. É apenas outra faceta de nós mesmos. Nossa personalidade reflete as várias cores do nosso cérebro. E antes que perceba, você já absorveu a informação para lidar com outras pessoas com mais compreensão e aceitação. Acho que é mais gentil se referir a uma pessoa por sua Cor de Cérebro que por possuir "personalidade com retenção anal"!

O Teste das Cores do Cérebro consiste em uma lista de palavras e sentenças com lacunas para preencher. Os valores numéricos do processo apresentarão a sinopse das suas Cores do Cérebro.

Algumas coisas que devem ser lembradas enquanto você determina a sua Cor do Cérebro:

1. Não existem respostas "certas ou erradas", *apenas* aquilo que é verdadeiro sobre você.
2. As Cores do Cérebro podem ser diferentes para sua vida pessoal e profissional. Decida de antemão qual aspecto de sua vida as palavras e sentenças vão descrever.
3. Se achar que duas ou mais palavras possuem igual valor para você em determinada linha, pense no aspecto da sua vida que está sendo pesquisado: pessoal ou profissional? Ou, então, responda à seguinte pergunta: Na minha vida profissional (ou pessoal), sou ______.
4. Esse não é um teste do tipo "quero ser". Ele não estabelece *quem você gostaria de ser*, mas *quem você é* neste momento da vida.
5. Se você estiver fazendo o teste perto de outra pessoa, por favor, não lhe peça ajuda. O objetivo do teste é que você confirme sua própria Cor do Cérebro. O modo como você se vê pode não ser o modo como você é visto pelos outros. Segundo Rita Carter, autora do *Livro de Ouro da Mente*, "quando nos tornamos adultos, nosso panorama mental está tão individualizado que não existem duas pessoas que percebam qualquer coisa exatamente do mesmo modo".
6. Divirta-se! O Teste das Cores do Cérebro é informativo e divertido! Na verdade, já foi usado como forma de entretenimento em chás-de-cozinha, encontros durante os feriados, jantares entre amigos e reuniões.

Instruções

- Leia as quatro palavras e frases na horizontal → em cada linha da página.
- Escolha em cada linha a palavra que melhor o(a) descreve: Totalmente = 4; Muito = 3; Regular = 2; Pouco = 1.
- Classifique as palavras na linha → use 4, 3, 2, 1 apenas uma vez (4 = maior valor e 1 = menor valor, na sua opinião).
- Após completar todas as linhas ↓, some todos os números na vertical, em cada coluna, para calcular os TOTAIS.
- Marque o TOTAL nas colunas A, B, C e D, nos espaços disponíveis no final da página.
- Não é incomum que dois dos seus TOTAIS sejam numericamente iguais.

TESTE DAS CORES DO CÉREBRO "SEM RESPOSTA CERTA OU ERRADA"			
A	B	C	D
___ Organizado	___ Criativo	___ Independente	___ Impulsivo
___ Pontual	___ Comunicativo	___ Curioso	___ Amante do prazer
___ Detalhista	___ Flexível	___ Comedido	___ Competitivo
___ Responsável	___ Atencioso	___ Analítico	___ Engenhoso
___ Compromissado	___ Sensível	___ Pensativo	___ Corajoso
___ Cuidadoso	___ Cooperativo	___ Técnico	___ Ativo
___ Disciplinado	___ Carinhoso	___ Independente	___ Ousado
___ Respeitoso	___ Autêntico	___ Competente	___ Generoso
___ Previsível	___ Protetor	___ Questionador	___ Espontâneo
Para tomar decisões, gosto de:			
___ Planejar	___ Conversar com os outros	___ Reunir os fatos	___ Confiar nos meus instintos
Trabalhando em equipe, vejo a mim mesmo como:			
___ Instrutor	___ Parte do time	___ Solucionador de problemas	___ Negociador de impasses
Sinto-me mais à vontade e me destaco em ambientes que apoiam meu senso de:			
___ Estabilidade	___ Harmonia	___ Privacidade	___ Liberdade
___ TOTAL A	___ TOTAL B	___ TOTAL C	___ TOTAL D

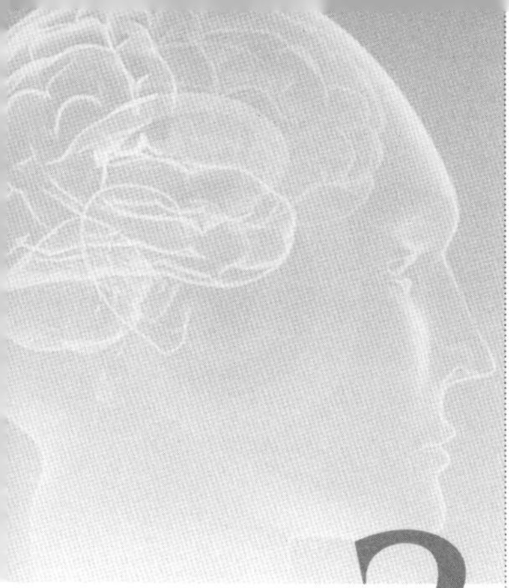

CAPÍTULO 2

Reconheça o Potencial e as Perspectivas de suas Cores do Cérebro

Se pudéssemos combinar,
Veja se não seria assim:
Eu saberia algo bom de você
Você saberia algo bom de mim
– ANÔNIMO

Você É uma Joia

Algumas pessoas podem descrevê-lo como uma joia porque admiram alguma coisa em você. Muitas vezes, empregamos a palavra "joia" para descrever uma pessoa que estimamos e valorizamos.

Para que as pessoas compreendam as Cores do Cérebro, eu peço a elas que pensem sobre si mesmas como se fossem uma pedra preciosa multifacetada. Descobri que as pessoas se conectam facilmente a essa metáfora visualmente, emocionalmente, culturalmente ou historicamente. Os gemologistas dizem que as pedras preciosas possuem uma personalidade própria e que são valorizadas, principalmente, pelo seu brilho e coloração. Do mesmo modo como fazemos com as pedras preciosas, valorizamos outras pessoas e nos sentimos atraídos por elas devido às melhores características da sua personalidade.

Suas Melhores Características

Uma pedra preciosa é lapidada de modo a destacar suas melhores características. Nas páginas seguintes, compare seus TOTAIS A, B, C e D com cada uma das tabelas que apresentam os Potenciais e as Perspectivas das Cores do Cérebro para descobrir as melhores características de sua personalidade.

Pode ser mais fácil ler sobre suas Cores do Cérebro em sequência numérica. Comece pelo TOTAL de valor numérico mais alto e termine pelo de menor valor. Você encontrará a maior parte de suas características na coluna em que marcou mais pontos.

Não é incomum que dois de seus totais sejam numericamente iguais. Isso indica potenciais e perspectivas similares nas referidas Cores do Cérebro.

É normal reconhecer algumas características que você possui nas listas de Potenciais e Perspectivas das Cores do Cérebro dos outros. As outras listas de Potenciais e Perspectivas também permitem que você reconheça as melhores características das outras pessoas.

Quando buscamos o melhor nas outras pessoas, de algum modo revelamos também o melhor em nós mesmos.

– William Arthur Ward, escritor

Suas Melhores Perspectivas

Enquanto procurava identificar os Potenciais e Perspectivas de Suas Cores do Cérebro, você pensava:

- "isso me descreve [4, 3, 2, 1]";
- "eu sou __________ e meu marido é _________";
- "meu chefe é _________";
- "meus filhos são _________".

Antes de Prosseguir a Leitura

- O termo "Cérebro" descreve ou se refere a pessoas e às suas Cores do Cérebro.
- Para estabelecer uma ordem, a sequência das Cores do Cérebro em todo o livro é: Amarelo, Azul, Verde e Laranja. Com exceção dos capítulos 10 e 12. Essa sequência não representa preferência por nenhuma Cor do Cérebro, ou por suas características, em particular.

A – POTENCIAIS E PERSPECTIVAS DO CÉREBRO AMARELO	
Vejo a mim mesmo como	Confiável, pontual e responsável
Sou naturalmente	Respeitoso e interessado
Eu valorizo	Tradição e estabilidade
Minha postura é	Forte senso de certo e errado
Minhas prioridades são	Organização e disciplina
No local de trabalho, eu	Sou bem preparado, comprometido e detalhista
Nas minhas relações pessoais, sou	Prático e sério
Quando criança, eu era	"Estudante-modelo"
Os outros podem me ver como	Previsível, inflexível e controlador
Eu lido com as mudanças	Estabelecendo um plano para implementá-las
O que me incomoda:	Desorganização
Quando estou frustrado	Posso me tornar ansioso e preocupado
Para aumentar minha autoconfiança,	Reconheça minha lealdade

B – POTENCIAIS E PERSPECTIVAS DO CÉREBRO AZUL	
Vejo a mim mesmo como	Prestativo, criativo e comunicativo
Sou naturalmente	Carinhoso, flexível e protetor
Eu valorizo	Honestidade e empatia
Minha postura é	Entusiástica e bondosa
Minhas prioridades são	Harmonia e abraços
No local de trabalho, eu	Sou motivador, dou sugestões e compartilho
Nas minhas relações pessoais, sou	Atencioso e romântico
Quando criança, eu era	Cooperativo e cheio de imaginação
Os outros podem me ver como	Muito emotivo, falante e ingênuo
Eu lido com as mudanças	Perguntando a mim mesmo como seria mudar
O que me incomoda:	Falta de cooperação
Quando estou frustrado	Posso me tornar depressivo e resistente-passivo
Para aumentar minha autoconfiança,	Reconheça minha bondade

C – POTENCIAIS E PERSPECTIVAS DO CÉREBRO VERDE	
Vejo a mim mesmo como	Lógico, inteligente e comedido
Sou naturalmente	Não-conformista e visionário
Eu valorizo	Conhecimento e eficiência
Minha postura é	Ser autossuficiente e justo
Minhas prioridades são	Independência e privacidade
No local de trabalho, eu	Sei utilizar a tecnologia mais recente
Nas minhas relações pessoais, sou	Sensível, mas não me sinto confortável com as emoções
Quando criança, eu era	Curioso e mentalmente focalizado
Os outros podem me ver como	Realista, insensível e intimidante
Eu lido com as mudanças	Parando para pensar
O que me incomoda:	Incompetência
Quando estou frustrado	Retraio-me e posso me tornar indeciso
Para aumentar minha autoconfiança,	Reconheça minha competência

D – POTENCIAIS E PERSPECTIVAS DO CÉREBRO LARANJA	
Vejo a mim mesmo como	Dinâmico, generoso e espontâneo
Sou naturalmente	Bom negociador e diplomático
Eu valorizo	Aventura e diferentes habilidades
Minha postura é	Entusiástica e corajosa
Minhas prioridades são	Liberdade e diversão
No local de trabalho, sou	Empreendedor e competitivo
Nas minhas relações pessoais, sou	Cheio de energia
Quando criança, eu era	Divertido e impulsivo
Os outros podem me ver como	Desorganizado, teimoso e irresponsável
Eu lido com as mudanças	Incorporando e aproveitando novas oportunidades
O que me incomoda:	Regras e diretrizes de outra pessoa
Quando estou frustrado	Eu "desisto" física e mentalmente
Para aumentar minha autoconfiança,	Reconheça minha generosidade

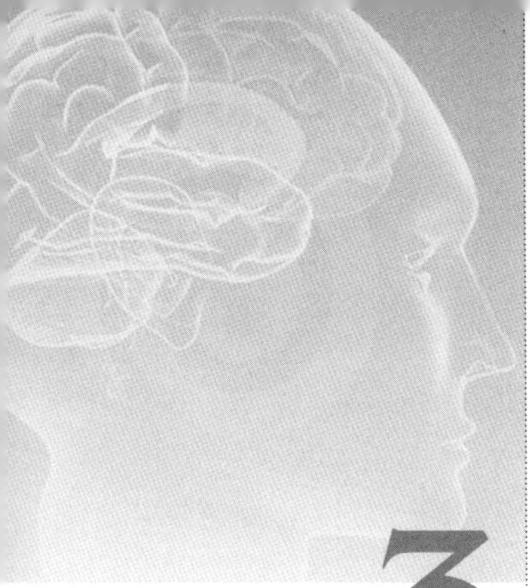

CAPÍTULO 3

Aprecie as Diferenças

Existe uma tendência em nós de cuidarmos uns dos outros, de respeitarmos uns aos outros. É um sentimento positivo. Uma visão positiva da vida. Essa é a chave para tudo o que fazemos.

– Jim Henson, criador dos Muppets

Um Ponto de Vista (PV) Positivo

A visão positiva sobre sua personalidade e autoconfiança é influenciada por seus valores e pelo seu nível de satisfação. Quando você é autoconfiante, desenvolve a capacidade de aceitação, a autoestima, habilidades, qualificações, respeito por si mesmo e pelos outros e, também, a capacidade de solucionar problemas com eficiência.

Sua interação com as outras Cores do Cérebro em casa, no trabalho, na escola e na sua comunidade influencia seu ponto de vista positivo sobre a vida. Os problemas entre as pessoas muitas vezes resultam da falta de apreciação por traços individuais da personalidade do outro.

Este livro ajudará você a:

- reconhecer de que forma a personalidade dos outros o afeta;
- valorizar o que é importante, relevante e significativo sobre outros tipos de personalidade.

Uma Justificativa, Não uma Desculpa!

Este livro *não* é sobre tolerância. Tolerância pode ter duas definições: 1. Atitude justa e objetiva; 2. O ato de suportar ou tolerar.

Acredito que a maioria das pessoas gostaria que os outros possuíssem uma atitude justa e objetiva em relação a elas, mas não um sentimento de tolerância. Pois, por definição, os outros nos suportariam ou apenas nos tolerariam.

Este livro é sobre apreciação. Eu gostaria de lhe oferecer uma oportunidade para aprender a apreciar a si mesmo e aos outros de um modo "colorido" e de lhe ensinar a reconhecer e compreender os indivíduos que se harmonizam ou que geram conflito em cada aspecto da sua vida. Esta obra é uma justificativa e não uma desculpa para o comportamento inadequado das pessoas. As cores são grandes estimulantes em nossa vida e influenciam profundamente nosso comportamento: as roupas que vestimos, os carros que escolhemos, os anúncios que lemos ou o modo como reagimos à cor do cabelo, dos olhos e da pele de outra pessoa. Interpretações históricas, educacionais, religiosas ou culturais influenciam as condições ambientais que nos expõem às cores ou à falta delas. Essas influências também podem ter um efeito subliminar sobre nós.

O Cérebro Amarelo

A seção do Cérebro Amarelo fica no lobo temporal. Existe um lobo temporal em cada lado do cérebro. Note que a representação do Cérebro Amarelo contém um ângulo reto. O Cérebro Amarelo precisa de "retidão". Regras são a base da vida de um Cérebro Amarelo. Ele está relacionado ao lado crítico do cérebro esquerdo, que proporciona estrutura e estabilidade tanto na sua vida profissional quanto pessoal. Seu sinal de pontuação é o ponto final, porque faz declarações do tipo: "Eu sou sua mãe, é por isso".

Na História Antiga, os romanos e os egípcios associavam o amarelo a seus deuses solares. O amarelo pode ser mentalmente estimulante e desperta sua atenção. Muitas religiões associam o amarelo ao caminho da unidade espiritual, à glória e ao ser supremo ou divindade. O amarelo também pode representar o poder e a sabedoria. Os Cérebros Amarelos se destacam nas atividades associadas à liderança. Eles escolhem carreiras como as de executivos, promotores de eventos, educadores, banqueiros, homens de negócio e administradores e constroem sua autoconfiança com um comportamento que "vale tanto quanto o ouro". Para o Cérebro Amarelo, um sinal de trânsito representa a atitude "gosto de estar no controle".

O Cérebro Azul

A seção circular do Cérebro Azul é o lobo occipital, que fica localizado na parte de trás do cérebro e está relacionado à capacidade física de enxergar. Simboliza discernimento e capacidade de se conectar com os outros. A intuição dos Cérebros Azuis está relacionada ao modo criativo do cérebro direito e a sua perspectiva, na qual "o céu é o limite". Seu sinal de pontuação é o ponto de interrogação. Eles gostam de fazer perguntas sobre as outras pessoas para aprender mais sobre elas. Eles fazem muitas perguntas, porque, com frequência, estão falando e não escutam o que lhes foi dito.

Historicamente, gregos e romanos atribuíam a cor azul a Vênus, deusa do amor. A atitude dos Cérebros Azuis é de paz e amor. O azul tem sido utilizado em pesquisas para relaxar a musculatura, abaixar a pressão sanguínea e também para acalmar crianças hiperativas. Na tradição budista, o azul traz paz de espírito e tranquilidade. O azul também representa o céu, o frescor e a água. Esses três significados simbolizam a capacidade do Cérebro Azul de estar sempre no fluxo criativo. Os antigos gregos diziam que azul era a cor da verdade. Os Cérebros Azuis se destacam sendo "verdadeiramente azuis". Eles costumam escolher a carreira de artista, assistente social, musicistas, especialistas em educação infantil ou veterinários e constroem sua autoconfiança com base na verdade, na autenticidade e na ajuda ao próximo. Para os Cérebros Azuis, uma lâmpada representa a atitude "tive uma ótima ideia".

O Cérebro Verde

A seção do Cérebro Verde, localizada no alto da cabeça, é o lobo parietal. Funciona como um minicomputador que integra o processamento de informações. Os Cérebros Verdes solucionam problemas com muita eficiência, são leitores ávidos e adeptos de computadores. Eles precisam de independência e gostam de trabalhar por conta própria. Seu sinal de pontuação é uma vírgula. O modo crítico do cérebro esquerdo precisa de pausas para avaliar o que irá dizer, antes de falar. Eles detestam parecer ou se sentir estúpidos.

Historicamente, o verde tem simbolizado crescimento, tranquilidade e inovação. O verde reduz o estresse e acalma. Em diversas culturas, essa cor representa esperança, longevidade e imortalidade. A tradição hindu acredita que o verde simboliza conhecimento, memória e capacidade de prever o futuro. Os Cérebros Verdes são visionários e se destacam por causa de inovações. Escolhem carreira de contabilistas, profissionais da computação, pesquisadores nas áreas médica e científica, engenheiros e advogados e constroem sua autoconfiança por meio da aquisição e compartilhamento de conhecimento e solução de problemas. Para os Cérebros Verdes, a placa de "Não Perturbe" representa a atitude "deixem-me sozinho para pensar".

O Cérebro Laranja

A seção assimétrica do Cérebro Laranja é o lobo frontal, que leva mais tempo para amadurecer. Seu formato representa a fluidez do pensamento e da ação dos Cérebros Laranja. O Cérebro Laranja parece estar sempre em movimento, física e mentalmente. Esse movimento representa sua capacidade de promover mudanças e o modo criativo do cérebro direito. Você provavelmente já adivinhou qual é o sinal de pontuação do Cérebro Laranja: o ponto de exclamação, naturalmente. Ele se destaca por sua agitação, atividade, espírito de aventura, capacidade de correr riscos e constrói sua autoconfiança por meio da capacidade de alcançar resultados.

Historicamente, de acordo com a tradição chinesa, a cor laranja representa uma poderosa fonte de energia e estimulação. Para os japoneses, representa felicidade e amor. Os monges budistas usam os trajes laranja como símbolo de humildade. A cor laranja é a mistura do vermelho com o amarelo e simboliza agitação, energia e a chama flamejante do fogo. É conhecida também por aumentar o apetite e estimular a comunicação. O Cérebro Laranja escolhe carreiras como as de bombeiro, médico ou enfermeiro de pronto-socorro, representante da lei, esportista profissional, trabalhador da construção civil e representante de vendas. Para o Cérebro Laranja, o malabarista, que consegue manter vários objetos no ar, representa a atitude "eu posso tudo".

Não É Fácil Ser Verde

Quando estou conduzindo um workshop sobre as Cores do Cérebro, peço aos participantes que levantem as mãos para que se apurem as estatísticas das Cores do Cérebro na população adulta americana.

- 35% a 40% de Cérebros Amarelos
- 35% a 40% de Cérebros Azuis
- 10% a 15% de Cérebros Verdes
- 10% a 15% de Cérebros Laranja

Dependendo da composição da plateia, os números podem variar. Por exemplo, um workshop para assistentes administrativos terá mais Cérebros Amarelos; para professores do ensino fundamental, mais Cérebros Azuis; para engenheiros, mais Cérebros Verdes; e para profissionais de venda, mais Cérebros Laranja.

As porcentagens representam a variedade em um determinado grupo, por exemplo, uma câmara de comércio ou uma organização de serviço comunitário. A menos que seja um grupo orientado para a área da tecnologia, a menor porcentagem de mãos levantadas será invariavelmente de Cérebros Verdes. Eles não gostam de se destacar na multidão. Diferentemente dos entusiásticos Cérebros Laranja, eles hesitam, olham em torno para ver quem mais é Verde e, então, relutantemente, erguem as suas mãos. Essa é minha deixa para citar Caco, o famoso sapo personagem dos Muppets criado por Jim Henson. Então eu pergunto ao grupo: "O que Caco, o sapo, costuma dizer?" A resposta é um coro de "Não é fácil ser Verde!" ecoando pelo auditório.

Não é fácil para os Cérebros Verdes porque são os menos compreendidos. Eles não se sentem muito à vontade para demonstrar ou comunicar seus sentimentos, como as outras Cores do Cérebro. Na verdade, os Cérebros Verdes podem ser mais sensíveis que outras Cores do Cérebro; eles apenas não manifestam. Os Cérebros Amarelos dizem que para eles também não é fácil porque se preocupam com as responsabilidades; os Cérebros Azuis, porque se sentem sobrecarregados com questões pessoais; e os Cérebros Laranja, porque em sua impulsividade buscam mais atividades do que podem realisticamente dar conta.

"Só a Sombra Conhece"

Quando uma Cor do Cérebro diz "Não é fácil", isso demonstra que está sentindo o que Carl Jung descreve como "Sombra" — o subconsciente negativo ou o lado escuro da personalidade. Símbolos históricos e culturais da sombra incluem as serpentes (como a do Jardim do Éden), dragões, monstros, demônios e o diabo.

Se sua Cor de Conforto está "Sombria", você pode se sentir aprisionado, restringido, estereotipado, rotulado ou descrito de uma forma que não faz você se sentir melhor, positivo, ou com confiança em si mesmo e nos outros.

O conceito das Cores do Cérebro permite a você expandir sua personalidade e se superar para além dos seus limites. Observe que a cabeça do logotipo da Cor do Cérebro não é precisa e parece estar saindo do quadro, como se não coubesse nele. Essa imperfeição é uma metáfora visual da nossa personalidade: ninguém gosta de ser aprisionado ou de sentir que deve ser perfeito.

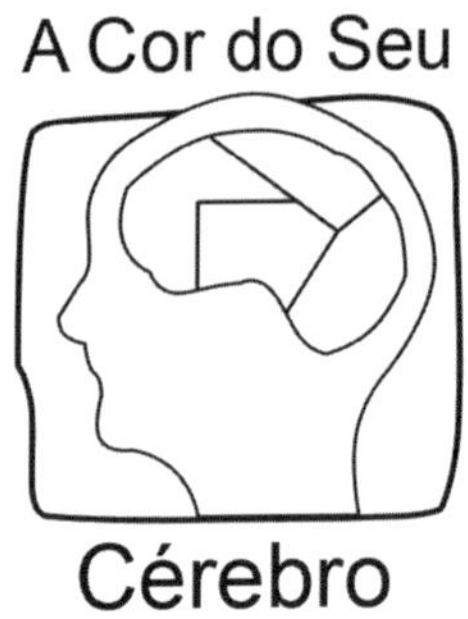

Um Cérebro Laranja "Sombrio", que floresce no caos criativo, pode achar difícil compreender e trabalhar com um Cérebro Amarelo, que acredita que um Cérebro Laranja não é confiável, pois o Cérebro Amarelo valoriza estrutura e disciplina.

Um Cérebro Verde "Sombrio", que focaliza no problema, e não na emoção que o problema desperta, pode achar difícil compreender e trabalhar com um Cérebro Azul, que se magoa com a falta de sensibilidade do Cérebro Verde.

Como Você Está se Sentindo?

Compreender que as pessoas podem ser uma silhueta de si mesmas ajudará a interpretar a declaração "hoje não estou me sentindo eu mesmo" do ponto de vista das Cores do Cérebro. No capítulo 13 você aprenderá mais sobre personalidades "Sombrias" e como elas afetam os conflitos e as compatibilidades.

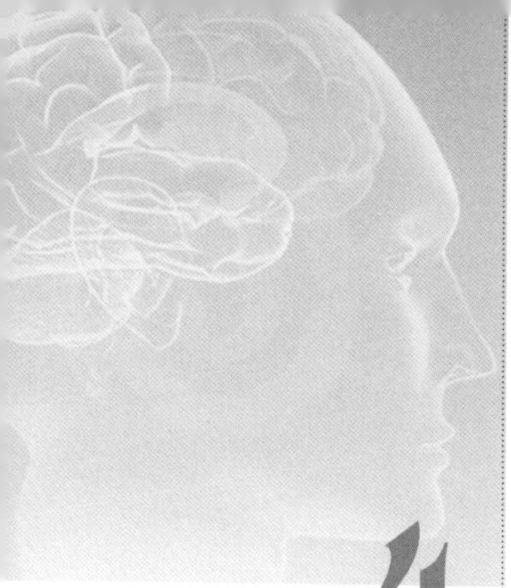

CAPÍTULO 4

Compreenda sua Combinação de Cores

Sir Isaac Newton descobriu que um prisma, ao decompor a luz, faz com que ela se revele como um feixe contínuo de cores — um arco-íris. Por definição, o arco-íris é:

- um espectro de cores brilhantes;
- algo muito variado ou multifacetado;
- qualquer arranjo ou disposição multicoloridos.

O Arco-íris do Cérebro[1]

A estrutura e relação entre as cores de um arco-íris não são estáticas. As cores se fundem umas às outras harmoniosamente, do mesmo modo que você irá aprender a misturar suas Cores do Cérebro para reduzir conflitos e aumentar a harmonia na sua vida.

Você pode escolher uma ou todas as definições para descrever suas Cores do Cérebro, ou seu "Arco-íris do Cérebro". Nos capítulos anteriores você recebeu informações sobre o potencial e perspectivas de cada uma das Cores do Cérebro e sobre como apreciar as diferenças. Agora que já identificou a sequência numérica das suas Cores do Cérebro, você pode examinar seu Arco-íris do

1 A autora funde as palavras em inglês *brain* (cérebro) e *rainbow* (arco-íris) e cria uma terceira palavra *brainbow*, que não é passível de tradução (N. da T.).

Cérebro em toda sua amplitude e apreciar o contraste e a complementaridade entre as Cores do Cérebro.

As quatro designações das Cores do Cérebro são:

- cor de Conforto;
- cor de Fusão;
- cor de Conversão;
- cor Nublada.

A cor determinada como a de maior valor numérico no seu teste é sua "Cor de Conforto". O maior valor que pode ser obtido para qualquer uma das Cores do Cérebro é 48. Essa é a sua cor dominante. Representa seu potencial e nível de conforto na maioria das situações. Uma de minhas clientes descobriu que sua Cor de Conforto é o Azul. Um TOTAL B de 43 em 48 pontos possíveis demonstra que ela brilha como luz de néon azul! Ela se vê como alguém criativo e flexível e se sente completamente confortável em situações que envolvam comunicação e cooperação.

A cor determinada como o segundo maior valor é sua "Cor de Fusão". Dependendo da pontuação numérica, apresenta influência sobre sua Cor de Conforto e permite que você se divida facilmente entre essas duas Cores do Cérebro. Um TOTAL D de 34 é a Cor de Fusão da minha cliente, indicando sua postura corajosa e impulsiva, que influencia seu empreendedorismo.

A cor determinada como o terceiro maior valor é sua "Cor de Conversão". Está em um nível intermediário de pontuação e pode trocar de posição tanto com sua Cor de Fusão quanto com sua Cor Nublada. Minha cliente obteve um TOTAL A de 26 pontos para sua Cor de Conversão Amarela. Ela costuma se sentir como a figura da sua pintura, *A Mulher Responsável*, flutuando no ar e carregando símbolos do seu lar, carreira, família, amigos e comunidade. As pontuações de 34 na sua Cor de Fusão Laranja e de 26 na sua Cor de Conversão Amarela demonstram que ela pode facilmente ir de uma cor para outra para aumentar seus recursos.

A cor determinada como de menor valor é sua "Cor Nublada". Ela é, com frequência, a fagulha que inicia o conflito consigo mesmo e com os outros. A Cor Nublada da personalidade da minha cliente é apresentada pelos 17 pontos no seu TOTAL C (Verde). Ela é diligente ao utilizar seu Cérebro Verde no lugar do seu coração Azul. Quando alguém lhe pede alguma coisa, ela diz "eu preciso de um tempo para pensar" antes de responder ou se comprometer. Ela também aprendeu a ser grata aos Cérebros Verdes que fazem parte da sua vida.

Eles compensam sua deficiência analítica e a incentivam quando sua personalidade está "Sombria".

Você tem mais informações sobre o conceito de "Sombra" nos capítulos 3 e 13.

Tornando a Harmonia Possível

A consciência da possibilidade de combinação das suas Cores do Cérebro irá ajudá-lo a evitar conflitos e a criar harmonia na sua vida e também em relação aos outros.

Cores específicas podem se misturar enquanto outras entram em conflito. À medida que você aprende mais sobre as suas Cores do Cérebro, torna-se óbvio que sua perspectiva Amarela terá mais dificuldade em combinar com o Laranja, do mesmo modo que o Verde com o Azul. Por sua vez, a perspectiva Azul vai combinar facilmente com o Laranja, e o Amarelo com o Verde.

Se a sua pontuação das Cores do Cérebro está igualmente distribuída e numericamente equilibrada, será mais fácil para você combinar as Cores do Cérebro. Você também será uma pessoa mais adaptável, receptiva e paciente consigo mesma e com os outros. Por sua vez, se a pontuação não é equitativamente distribuída, o oposto será verdadeiro.

"Estou Dentro do Padrão!"

Um exemplo desse desequilíbrio ficou demonstrado em um workshop que conduzi para os membros de uma grande associação comunitária. A instituição sofria com o conflito entre a diretora-executiva dominadora e sua equipe, conselheiros e um grande número de associados. Depois que o grupo finalizou seu Teste das Cores do Cérebro e colocou as etiquetas coloridas correspondentes nos seus crachás, de acordo com a pontuação das suas Cores do Cérebro, risos e provocações encheram a sala.

A diretora-executiva parecia um soldado à medida que marchava para o palco e tomava o microfone das minhas mãos para anunciar: "Eu estou dentro do padrão Amarelo! Minha pontuação é: Amarelo, 48; Verde, 36; Azul, 24; e Laranja, 12". Agora, seu comportamento inflexível e autoritário fazia sentido para todos.

A "ditadora-executiva" nunca se tornou um clone de Madre Teresa. Entretanto, com a nova consciência a respeito das suas Cores do Cérebro e o apoio da equipe, ela se tornou uma administradora flexível, que delega com sensibilidade, o que contribui para o sucesso da sua instituição.

Uma Fusão Confortável

Sua Cor de Conforto e sua Cor de Fusão são, respectivamente, a primeira e a segunda das suas cores; são elas que mais influenciam seus pontos de vista e comportamento. Consequentemente, se sua Cor de Conforto é o Amarelo e sua Cor de Fusão é Laranja, você é do tipo "Cérebro Amarelo/Laranja". Utilize esse modelo toda vez que misturar duas Cores do Cérebro. Quanto mais a pontuação da sua Cor de Conforto exceder a pontuação da sua Cor de Fusão, mais dominante será sua Cor de Conforto.

A combinação Cor de Conforto/Cor de Fusão pode ser complementar ou conflitante. Como você deve ter observado, as características do Amarelo e do Laranja geralmente se opõem uma à outra; do mesmo modo que o Azul é oposto ao Verde. Como resultado, um Cérebro Amarelo/Laranja vive conflitos porque seu senso de responsabilidade Amarelo entra em conflito com seu desejo Laranja de diversão; o Cérebro Azul/Verde luta entre as emoções Azuis e a lógica Verde.

Suas Cores do Cérebro, ou suas combinações, podem influenciar e beneficiar as Cores do Cérebro de outra pessoa, do mesmo modo que as cores dessa pessoa podem influenciar e beneficiar as suas. Um Cérebro Amarelo pode influenciar a decisão de um Cérebro Azul sobre seu jardim. Benefício: plantas crescem e florescem porque estão se desenvolvendo em condições adequadas de solo, de luminosidade e de irrigação. Um Cérebro Laranja pode ajudar um Cérebro Verde indeciso sobre redecorar seu escritório. Benefício: recomendações para aquisição de mobília funcional e de qualidade, que pode ser comprada a preços razoáveis e instalada por um marceneiro de confiança.

Conheça o Seu Potencial

Durante um workshop ao ar livre para instrutores de educação, os participantes descobriram suas Cores do Cérebro antes de atuarem nas atividades em equipe. Eu os incentivei a perceber, apreciar e aplicar o conhecimento sobre as Cores do Cérebro durante as atividades. Foi fascinante observar a interação entre os participantes, que não se conheciam antes do workshop.

- Cérebros Amarelos: explicaram as regras e organizaram o grupo em times.
- Cérebros Azuis: incentivavam os participantes à medida que evoluíam no percurso, e os parabenizavam quando completavam a prova.
- Cérebros Verdes: avaliavam os obstáculos e desenvolviam sistemas para que cada participante pudesse completar o percurso em segurança.
- Cérebros Laranja: demonstravam com entusiasmo as técnicas para atravessar cordas com agilidade, contornar rapidamente obstáculos e auxiliavam os colegas de time a passar sobre uma imensa rede feita de cordas.

Conhecer o potencial das suas Cores de Conforto e de Fusão influenciou de forma positiva seus diversos atributos e habilidades, aumentou sua autoconfiança e os motivou a trabalhar como uma equipe para completar o percurso com sucesso.

Combinações do Arco-íris do Cérebro

O exemplo a seguir sobre as possibilidades das Cores de Conforto, Fusão e Conversão irá ajudá-lo a reconhecer e valorizar as combinações do Arco-íris do Cérebro:

Combinações de um Arco-íris de Cérebro Amarelo

- Amarelo/Amarelo: Confiável/Planejador
- Amarelo/Azul: Responsável/Protetor
- Amarelo/Verde: Bem preparado/Pesquisador
- Amarelo/Laranja: Organizado/Negociador

Combinações de um Arco-íris de Cérebro Azul

- Azul/Azul: Sensível/Naturalista
- Azul/Laranja: Criativo/Improvisador
- Azul/Amarelo: Carinhoso/Atencioso
- Azul/Verde: Prestativo/Inovador

Combinações de um Arco-íris de Cérebro Verde

- Verde/Verde: Curioso/Inventivo
- Verde/Amarelo: Bem informado/Planejador

- Verde/Azul: Técnico/Instrutor
- Verde/Laranja: Independente/Vendedor

Combinações de um Arco-íris de Cérebro Laranja

- Laranja/Laranja: Engenhoso/Negociador
- Laranja/Azul: Assume riscos/Trabalha em equipe
- Laranja/Amarelo: Amante do prazer/Organizador
- Laranja/Verde: Empreendedor/Solucionador de problemas

A Sua Realidade

As combinações do Arco-íris do seu Cérebro são importantes porque o contraste e a complementaridade entre suas Cores do Cérebro vibram para criar tanto tensões quanto facilidades. A perspectiva do seu Arco-íris do Cérebro é a sua realidade!

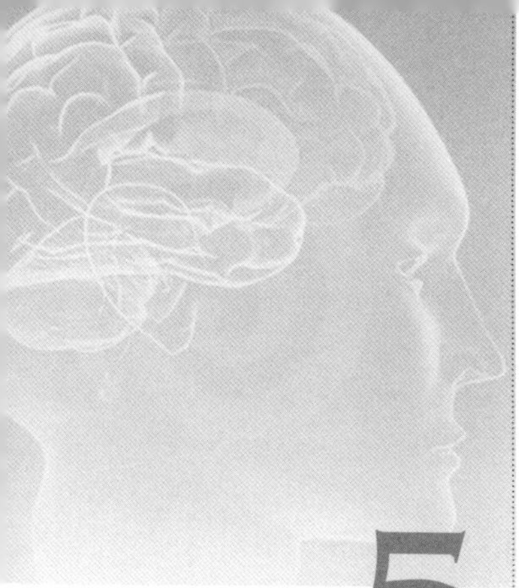

CAPÍTULO 5

O Modo como as Outras Cores Percebem Você

Pois o que você enxerga e escuta depende muito da posição em que você se encontra; também depende do tipo de pessoa que você é.

– C.S. Lewis

As Lentes das Cores do Cérebro

A maneira como enxergamos a outra pessoa é semelhante ao ponto de vista (PV) de um escritor, que representa a perspectiva da história ou do personagem, e de que forma esse ponto de vista é revelado. Para revelar seu PV, imagine-se utilizando um par de lentes das Cores do Cérebro, que você tinge de Amarelo, Azul, Verde ou Laranja. Entretanto, o modo como você se vê pode não ser o modo como os outros o enxergam, por causa das suas lentes. Em situações específicas, o PV deles pode ser mais importante que o modo como você vê a si mesmo.

Couro Preto

Durante meus workshops, procuro reforçar esse conceito pedindo aos participantes para colaborarem com outra pessoa e compartilhar algo sobre si mesmo, que o parceiro não teria percebido por sua aparência ou modo de se comunicar. Essa é a parte de entretenimento do workshop a qual chamo de "confissões verdadeiras". As pessoas descobrem que sua recepcionista é uma amazona campeã e que seu contador é um pescador talentoso.

Para os participantes, minha aparência e conduta os levam a me enxergar como uma mulher de negócios capaz e responsável. Então, quando é minha vez de falar, coloco meu chapéu preto com o logotipo da Harley Davidson e confesso: "O que vocês não têm como saber sobre mim apenas me olhando é... eu sou uma 'Harley Mama' e ando de motocicleta vestida com roupas de couro preto". E assim comprovo meu argumento.

Dependendo da perspectiva das Cores do Cérebro de outra pessoa, você pode se surpreender com o modo como é visto e compreender sua percepção positiva ou negativa. Isso se mostrou verdadeiro quando meu marido e eu estávamos em uma das nossas viagens de motocicleta. Nós estávamos passeando uma manhã e resolvemos parar em uma loja de presentes que um amigo havia nos indicado. Vestíamos nossas roupas de couro e era fascinante observar como os vendedores deliberadamente nos ignoravam. Então decidi conduzir um experimento com as Cores do Cérebro, voltando mais tarde à mesma loja, agora vestindo roupas convencionais de turistas.

Vários vendedores vieram nos perguntar se precisávamos de ajuda. "Não, obrigada". Eu disse. "Estamos apenas olhando." Mas não estávamos olhando a mercadoria; estávamos observando os vendedores. Eles precisavam de ajuda. A sua percepção sobre a forma como o cliente deveria se parecer custou-lhe a venda e a satisfação do cliente.

As tabelas que se iniciam na página 26 mostram de que modo positivo ou negativo você é visto pelos outros de acordo com a perspectiva das Cores do Cérebro.

"Ela É um Doce de Pessoa"

É fácil reconhecer seus próprios traços admiráveis de personalidade, porém é difícil e desconfortável reconhecer os ruins. Entretanto, se utilizar a abordagem das Cores do Cérebro, você se sentirá melhor consigo mesmo e aceitará melhor os outros.

Certa manhã, a organizadora de um encontro para uma associação de planos de saúde me apresentava aos participantes do workshop. Ela, um Cérebro Laranja/Azul, concluiu as apresentações com "e Sheila é uma das pessoas mais doces que conheço!"

Eu respondi a esse comentário com uma careta que fez todo mundo rir. Quando subi ao palco, acrescentei: "Sua colega e eu não planejamos isso, mas é o exemplo perfeito sobre o porquê de estarmos aqui esta manhã. Ela me vê como um doce de pessoa, mas eu nunca iria me referir a mim mesma como doce... Amável ou atenciosa talvez, mas não doce!"

A organizadora do encontro utilizou seu Cérebro Laranja/Azul com espontaneidade e foi prestativa ao fazer minha introdução. E uma vez que sou Azul/Laranja, não fiquei ofendida. Eu sabia que ela estava sendo criativa ao fazer essa apresentação. Na verdade, achei maravilhoso que ela tenha colocado sua percepção pessoal ao grupo, pois isso me deu a oportunidade de comentar de que modo seu comportamento se aplica ao programa.

Se a senhorita Laranja fosse Amarelo ou Verde, ela não teria agido de improviso. Teria respeitado minha solicitação e lido a introdução como pedi que fizesse. Não poderíamos ter criado uma introdução ou interação melhor com o grupo mesmo se tivéssemos planejado.

Ponto de Vista

Fundamentalmente, divergimos em nossos valores, necessidades, motivações, desejos e crenças. O conceito de Cores do Cérebro vai ajudá-lo a compreender que você não consegue transformar outra pessoa. Você pode apenas modificar seu PV sobre ela por meio do reconhecimento e apreciação do seu potencial e perspectivas. No entanto, é mais fácil enxergar seu PV, e o do outro, quando você utiliza a lente das Cores do Cérebro.

O autor David Kiersey escreveu: "Se eu não desejo o que você deseja, por favor, não tente me convencer de que meu desejo está errado. Ou se possuo uma crença diferente da sua, faça pelo menos uma pausa antes de corrigir meu ponto de vista".

DE QUE MODO OS OUTROS PERCEBEM SUAS CORES DO CÉREBRO — A PERSPECTIVA DO CÉREBRO AMARELO

O Amarelo vê o Amarelo como:	O Amarelo vê o Verde como:	O Amarelo vê o Azul como:	O Amarelo vê o Laranja como:
Organizado	Distraído	Honesto	Impulsivo
Confiável	Franco	Harmonioso	Impaciente
Conservador	Solucionador de problema	Espiritual	Divertido
Leal	Esperto	Genuíno	Oportunista
Previsível	Perfeccionista	Devotado	Manipulador
Obstinado	Reservado	Sensível	Descontrolado
Tradicional	Entediante	Bondoso	Maníaco
Estável	Lógico	Solidário	Impulsivo
Determinado	Esperto	Prestativo	Criativo
Pontual	Independente	Emotivo	Desorganizado
Responsável	Superior	Bondoso	Atrasado
Realista	Retraído	Intuitivo	Bagunceiro
Firme	Socialmente reservado	Indeciso	Briguento
Eficiente	Com ares de superioridade	Trabalhador em equipe	Ativo
Atencioso	Pensante e não-atuante	Mal-humorado	Sem senso prático

DE QUE MODO OS OUTROS PERCEBEM SUAS CORES DO CÉREBRO — A PERSPECTIVA DO CÉREBRO AZUL

O Azul vê o Azul como:	O Azul vê o Amarelo como:	O Azul vê o Verde como:	O Azul vê o Laranja como:
Criativo	Organizado	Inteligente demais	Irresponsável
Emotivo	Com retenção anal	Intimidante	Corajoso
Intuitivo	Sem criatividade	Acadêmico	Com senso de humor
Protetor	Briguento	Sem senso comum	Desorganizado
Comunicativo	Luta por seus objetivos	Sem habilidade com as pessoas	Não dá atenção aos detalhes
Prestativo	Não gosta de ser interrompido	Muito analítico	Pensa apenas no resultado
Mal-humorado	Rígido	Avalia tudo	Divertido
Espiritual	Cortês	Inflexível	Chato
Bondoso	Descompromissado	Esperto	Ousado
Encantador	Orgulhoso	Intenso	Possui várias habilidades
Simpático	Objetivo	Focalizado	Despreocupado
Empático	Leal	Frio	Adaptável
Harmonioso	Organizado	Desinteressado	Impulsivo
Confiável	Metódico	Independente	Competitivo
Flexível	Do tipo executivo	Isolado	Pragmático
Romântico	Dominador	Pouco comunicativo	Com muitos recursos

DE QUE MODO OS OUTROS PERCEBEM SUAS CORES DO CÉREBRO — A PERSPECTIVA DO CÉREBRO VERDE

O Verde vê o Verde como:	O Verde vê o Amarelo como:	O Verde vê o Azul como:	O Verde vê o Laranja como:
Produtivo	Burocrático	Emotivo	Impulsivo
Lógico	Controlador	Atencioso	Corajoso
Inovador	Metódico	Possui empatia	Cavalheiro
Bem informado	Organizado	Focado nos relacionamentos	Espontâneo
Intelectualmente superior	Concentrado em tarefas	Preocupado	Intuitivo
Curioso	Robotizado	Afável	Divertido
Justo	Rígido	Sufocante	Irresponsável
Objetivo	Organizado	Maternal	Irracional
Seletivo	Confiável	Valoroso	Sem valor
Preciso	Tradicional	Prestativo	Espontâneo
Visionário	"Sabe-Tudo"	Muito falante	Inconsistente
Racional	Orgulhoso	Idealista	Preocupado com os próprios interesses
Equilibrado	Historiador	Sentimental	Agente transformador
Frio, calmo e controlado	Planejador	Luta por uma causa	Gerador de ideias
Eficiente	Rápido	Criativo	Impetuoso

DE QUE MODO OS OUTROS PERCEBEM SUAS CORES DO CÉREBRO — A PERSPECTIVA DO CÉREBRO LARANJA

O Laranja vê o Laranja como:	O Laranja vê o Amarelo como:	O Laranja vê o Azul como:	O Laranja vê o Verde como:
Decidido	Controlador	Amistoso	Chato
Capaz	Organizado	Sensível	Ligado a fatos
Esperto	Planejador	Romântico	Intelectual
Rápido	Estruturado	Criativo	Viciado em computador
Influente	Dogmático	Poético	Louco por números
Não gosta de rotina	Teimoso	Afetuoso	Estudioso
Amante do prazer	Inflexível	Atencioso	Lento
Aprende com a prática	Carcereiro	Amado	Analítico
Engenhoso	Orgulhoso	Prestativo	Monótono
Bom negociador	Frustrante	Afável	Intelectual
Solucionador de problemas	Crítico	Compreensivo	Maçante
Competente	Medroso	Bondoso	Seco
Atlético	Chato	Bom ouvinte	Insensível
Produz resultados	Severo	Protetor	Frio como gelo
Assume riscos	Seguro	Intuitivo	Com ar de superioridade

Um Ponto de Vista Diferente

Eu aconselho você a pensar bem antes de dizer que alguém está errado ou a tentar corrigir seu ponto de vista e a considerar o que está dito no poema *A Diferença,* do editor e educador americano Glenn Frank.

Quando o outro age assim,
Ele é desagradável;
Quando é você, é coragem.

Quando o outro quer fazer de seu próprio modo,
É teimosia;
Quando é você, é firmeza.

Quando o outro dá um tempo,
Ele é lento;
Quando é você, está deliberando.

Quando o outro trata muito bem uma pessoa,
Ele é puxa-saco;
Quando é você, é atenção.

Quando o outro aponta um erro,
Ele é implicante;
Quando é você, é perspicácia.

Quando o outro diz o que pensa,
Ele é maldoso;
Quando é você, é franqueza.
— GLENN FRANK

CAPÍTULO 6

Destaque-se em Condições Ideais

As condições ideais criam a oportunidade para que cada uma das Cores do Cérebro desabroche. Um ambiente onde a pessoa se sinta livre e segura para explorar suas próprias ideias e sentimentos desenvolve suas técnicas criativas para a solução de problemas, aprimora a habilidade para tomar decisões e aumenta sua autoestima.

Problemas com o Moral

Um telefonema urgente de uma das minhas clientes, que é vice-presidente de um banco e também um Cérebro Amarelo, confirma o que foi dito. "Nosso departamento tem passado por problemas éticos por causa da instalação de um novo sistema de computação. Está acontecendo uma reviravolta", ela disse. "Os Cérebros Azuis não se sentem confortáveis ou confiantes para aprender sobre um novo programa de computação e os Cérebros Amarelos estão preocupados com a desorganização e a instabilidade da equipe."

Marcamos imediatamente um workshop. Durante a programação, os Cérebros Amarelos reconheceram seu desconforto e aprenderam novas habilidades que os ajudariam a se adaptar às mudanças na equipe. Os Cérebros Azuis identificaram seu desconforto, aprenderam a se adaptar às mudanças tecnológicas e ficaram animados com as possibilidades do seu novo computador. A equipe do departamento da minha cliente restabeleceu as condições ideais de trabalho no intervalo de um mês.

Influências educacionais, econômicas e culturais podem influenciar positiva ou negativamente as condições ideais em casa, no trabalho, na escola ou na comunidade.

Condições Ideais em Casa

Cérebro Amarelo

- Ambiente organizado
- Diretrizes e normas
- Segurança pessoal
- Segurança financeira
- Rotina estruturada

Cérebro Azul

- Expressão criativa
- Interação e comunicação
- Harmonia
- Atividades familiares e sociais
- Cooperação

Cérebro Verde

- Privacidade
- Expectativas bem definidas
- Reconhecimento da competência e capacidade
- Equipamentos de última geração
- Um tempo sozinho em silêncio

Cérebro Laranja

- Reconhecimento da sua necessidade de liberdade
- Uma válvula de escape para seu estilo vigoroso
- Consciência para agir quando é necessário

- Compreensão pela realização de tarefas no seu próprio ritmo
- Oportunidades para se divertir

Condições Ideais no Trabalho

Cérebro Amarelo

- Planejamento empresarial de longo prazo
- Reconhecimento por um trabalho bem-feito
- Manuais e procedimentos empresariais
- Equipe de apoio bem treinada
- Descrição específica de funções e responsabilidades

Cérebro Azul

- Interação entre os funcionários
- Participação na tomada de decisões
- Descontração nas políticas empresariais
- Horário de trabalho flexível
- Espaço de trabalho personalizado

Cérebro Verde

- Equipamento de última geração
- Recursos para pesquisas
- Horário de trabalho livre
- Oportunidades para utilizar suas habilidades de solucionador de problemas
- Sistemas inovadores

Cérebro Laranja

- Recompensa monetária imediata pela aquisição de resultados
- Desafios variados
- Instalações para relaxamento ou exercícios
- Sem cronogramas ou reuniões
- Liberdade de ação

É a Natureza ou a Criação?

Agora você deve estar perguntando-se como a natureza e a criação afetam a personalidade de um indivíduo. A sua personalidade é determinada pelo ambiente ou pela genética? Minha crença principal em relação à natureza versus a criação é a seguinte: as condições ambientais têm um efeito significativo no temperamento natural do indivíduo. Concordo com a premissa de que a personalidade individual é uma combinação de características pessoais (natureza) e da forma como a pessoa foi educada (criação), que determina os traços da personalidade e o comportamento.

Vivemos em um tempo de rápidas mudanças, que têm um impacto significativo sobre as Cores do Cérebro. Algumas vezes, as condições ambientais ou o comportamento de uma pessoa podem lhe causar desconforto ou insegurança.

Um ambiente específico vai desenvolver os traços naturais de um indivíduo. Um Cérebro Verde ou um Cérebro Amarelo não se sentirão tão à vontade em uma sessão de "brainstorm" como um Cérebro Azul ou um Cérebro Laranja.

Um ambiente com Cores do Cérebro opostas, mesmo que seja um ambiente confiável, pode desenvolver suas qualidades e habilidades naturais. Confiança é a capacidade de aceitar o outro e suas contribuições. É apoiar, reconhecer e reafirmar o potencial e a capacidade do outro. E demonstrar cooperação e honestidade. As pessoas desabrocham quando suas qualidades e habilidades são reconhecidas!

Você é capaz de transformar seu ambiente e de tomar decisões conscientes para seu desenvolvimento. Algumas Cores do Cérebro se adaptam mais facilmente a mudanças que outras. Você aprenderá mais sobre o que estimula mudanças no capítulo 14.

Para melhorar a consciência sobre as condições ideais nas quais seu cérebro se desenvolve, você deve permanecer alerta. Prestando atenção, você reconhecerá as características que revelam as Cores do Cérebro de uma pessoa.

Cérebro Amarelo = Instrutores Organizados

- *No trabalho:* não existe bagunça em todo seu espaço de trabalho. Os prêmios são ordenados organizada e sequencialmente na parede. É tudo tão arrumado que dá a impressão de que ninguém trabalha ali.

- *Em casa:* sua casa parece um apartamento em exposição. Cada cômodo possui vários espaços para guardar coisas, organizado como a vitrine de uma loja de departamentos. Cérebros Amarelos não guardam aquilo que não usam. Cuidado, não fique parado, pois você pode ser jogado fora, doado para uma instituição de caridade ou etiquetado para uma venda de garagem!

Cérebro Azul = Receptivo e Aconchegante

- *No trabalho:* seu espaço de trabalho parece uma sala de visitas. Possui mobília confortável, flores, lembranças e fotos da família e dos bichos de estimação.
- *Em casa:* sua casa transmite a sensação de que você é bem-vindo. Não existe protetor de plástico para os móveis. Retratos de família decoram as paredes e os móveis. Os Cérebros Azuis colecionam lembrancinhas.

Cérebro Verde = Poupador Seletivo

- *No trabalho:* sua mesa é grande o suficiente para acomodar todos os seus projetos. Os Cérebros Verdes possuem equipamentos com tecnologia de ponta, uma coleção de livros na estante, ou pelo chão, e seus diplomas estão expostos nas paredes.
- *Em casa:* sua casa também é equipada com tecnologia de ponta ou pilhas de jornais e revistas. Eles guardam tudo que possa conter informação porque "um dia posso precisar disso". É fundamental que exista um espaço privativo para ser aproveitado em paz.

Cérebro Laranja = Campeão da Bagunça

- *No trabalho:* sua mesa é qualquer coisa que funcione como tal, porque eles não passam mesmo muito tempo lá. Organizar o escritório é perda de tempo e o chão lembra uma caverna com estalagmites. Se você faz um comentário sobre a "decoração", eles dizem: "Mas eu sei exatamente onde está cada coisa". Entretanto, pode ser que você precise de um GPS para navegar pelo espaço de trabalho caso lhe peçam que encontre alguma coisa de que necessitem quando estão fora do escritório.

- *Em casa:* sua casa geralmente é uma bagunça. Fotos das suas aventuras adornam as paredes. Naturalmente, eles preferem se divertir a fazer faxina. Todo tipo de parafernália esportiva pode ser encontrada na garagem, com fácil acesso.

Alerta!

Fique atento às condições ideais nas quais suas Cores do Cérebro podem se desenvolver. Sua percepção é essencial na construção de confiança, na resolução de problemas e na tomada de decisões corretas tanto no trabalho quanto em casa ou na comunidade.

PARTE I: RESUMO DO CONCEITO DE CORES DO CÉREBRO

Cor do Cérebro	Amarelo	Azul	Verde	Laranja
Perspectiva	Confiável	Prestativo	Lógico	Dinâmico
Potencial	Responsável, leal, preparado, prático, pontual	Flexível, criativo, cooperativo, amável, bondoso	Bem informado, competente, calmo, técnico, curioso	Generoso, divertido, engenhoso, ansioso, vigoroso
Lobo cerebral	Temporal	Occipital	Parietal	Frontal
Comportamento de "Sombra"	Ansioso e preocupado	Depressivo e passivamente resistente	Retraído e indeciso	Rude e desiste facilmente
Condições ideais em casa	Organização e estabilidade financeira	Harmonioso e comunicativo	Reservado e quieto	Desestruturado e ativo
Condições ideais no trabalho	Regras e equipe bem treinada	Políticas descontraídas e espaço personalizado	Independência e sistemas inovadores	Desafios e sem reuniões
Como os outros o veem	Realista, organizado, controlador, rígido, disciplinado	Protetor, atencioso, mal-humorado, sufocante, confiável	Visionário, eficiente, insensível, intenso, inteligente	Engenhoso, decidido, não confiável, instável, ousado

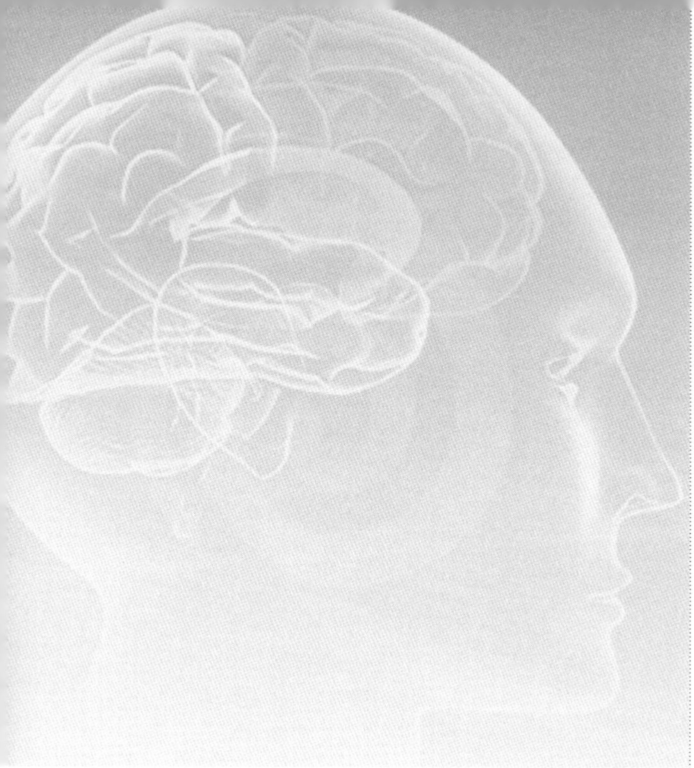

PARTE 2

Conexões Interpessoais Entre as Cores do Cérebro

CAPÍTULO 7

Relações Românticas

São os relacionamentos que me fascinam.
– STEPHEN SONDHEIM, compositor e letrista

Cuidado!

Esse fascínio que acende a atração positiva pode se dissolver em uma reação negativa. A "luz da sua vida" pode se transformar na "cruz da sua vida" e seu "querido amigo" em "temido inimigo".

Atualmente, cientistas, médicos, psicólogos e sociólogos acreditam que os cérebros masculino e feminino fazem as conexões de formas diferentes. Segundo Anne Moire, Ph.D., co-autora de *Brain Sex* (em tradução livre, *Sexo Cerebral*, sem edição no Brasil), "os sexos são diferentes porque seus cérebros são diferentes. O cérebro, órgão que é o centro administrativo e emocional da vida, é construído de forma diferente em homens e mulheres; processa diferentemente a informação, o que resulta em diferenças de percepção, prioridades e comportamento".

Finalmente Entendi!

Após uma apresentação das Cores do Cérebro para uma turma de teoria do aprendizado em adultos, tivemos diversas discussões informais com os estudantes. Entretanto, senti-me honrada em compartilhar uma conversa que ainda ressoa dentro de mim. Um senhor encantador, com um brilho de entendimento nos olhos, cumprimentou-me e disse: "Muito obrigado. Estou casado há 30 anos e *finalmente* compreendo minha esposa. Eu sou um Cérebro Verde e ela é Azul!"

Contraste e Complemento

Em relacionamentos pessoais, cores contrastantes podem complementar ou destruir uma relação amorosa. Minha teoria é confirmada pelo estudo de J. Philippe Rushton, Ph.D., D.Sc., professor de psicologia da Universidade Western Ontário, no Canadá, e do dr. Neil Clark Warren, psicólogo clínico e fundador do eHarmony. O dr. Rushton declara que "felicidade e estabilidade podem ser prognosticadas comparando os atributos pessoais". No livro *Date or Soul Mate? How to Know if Someone Is Worth Pursuing in Two Dates or Less* (em tradução livre, *Como Saber se Alguém Vale a Pena ou Não em Dois Encontros ou Menos*, sem edição no Brasil), o dr. Warren diz: "Você deverá atrair uma pessoa cujos atributos sejam semelhantes aos seus".

Aprenda a Compartilhar

Cada uma das Cores do Cérebro tem a oportunidade de compartilhar atributos e capacidades para enriquecer seu relacionamento amoroso.

- O Cérebro Amarelo oferece orientação e é um planejador financeiro.
- O Cérebro Azul oferece cooperação e é um trabalhador social.
- O Cérebro Verde oferece conhecimento e é um consultor técnico.
- O Cérebro Laranja oferece dinamismo e é um negociador habilidoso.

Acredito que uma relação amorosa duradoura pode se desenvolver quando o casal aprecia o contraste e complementaridade entre as Cores do Cérebro e respeita os valores do outro. As tabelas que se iniciam na página 44 irão ajudá-lo a compreender a perspectiva de cada uma das Cores do Cérebro em uma relação amorosa.

O Que Atrai Você?

Em um relacionamento amoroso, diversas características pessoais e qualidades despertam nossa atração por outra pessoa.

Certa vez, uma moça com Cérebro Azul me contou que se sentia atraída por um Cérebro Verde. No entanto, ela não entendia sua atração e eu lhe disse: "Você se sente atraída porque ele é um bombeiro".

"Não, ele é analista de sistemas."

"Exatamente! Ele vive apagando incêndios", eu disse.

"Entendi! E se ele não estiver disponível ou não se sentir atraído por mim, vou até ficar Azul de tanta tristeza", brincou.

Cérebros Amarelos são atraídos por:

- Cérebros Amarelos que respeitem suas regras;
- Cérebros Laranja que acrescentem aventura a sua rotina;
- Cérebros Azuis que cooperem com seus projetos;
- Cérebros Verdes que proporcionem a eles um sistema estruturado.

Cérebros Azuis são atraídos por:

- Cérebros Azuis que retribuem suas demonstrações de afeto;
- Cérebros Amarelos que respeitem seus sentimentos;
- Cérebros Verdes que lhes apresentem uma perspectiva lógica;
- Cérebros Laranja que estimulem sua criatividade.

Cérebros Verdes são atraídos por:

- Cérebros Verdes que também valorizem a reclusão;
- Cérebros Azuis que sejam contemplativos;
- Cérebros Amarelos que mantêm registros precisos;
- Cérebros Laranja que aproveitem oportunidades.

Cérebros Laranja são atraídos por:

- Cérebros Laranja que se juntem a eles na diversão;
- Cérebros Azuis que estimulem seu entusiasmo;
- Cérebros Verdes que os ajudem a calcular os riscos;
- Cérebros Amarelos que planejem suas atividades.

A PERSPECTIVA ROMÂNTICA DO CÉREBRO AMARELO	
Eu valorizo	Compromisso
Sou naturalmente	Leal e prático
Minha postura pessoal é	Séria
Emocionalmente, preciso	Estar no controle
Gosto de encontros que sejam	Planejados
Minha atitude em relação às finanças é	"dinheiro no banco"
Minha postura social é	"Eu marquei na minha agenda"
Meu estilo de comunicação é	Assertivo e direto
Minha prioridade é	Planejamento para o futuro
O que me incomoda é	Que o planejamento não seja valorizado
Minhas manifestações de carinho são	Na hora apropriada
Minha orientação religiosa é	Convencional
Gosto de receber cartões que sejam	Sentimentais

A PERSPECTIVA ROMÂNTICA DO CÉREBRO AZUL	
Eu valorizo	Compaixão
Sou naturalmente	Carinhoso e tranquilo
Minha postura pessoal é	Entusiasmada
Emocionalmente, preciso	Que me apreciem
Gosto de encontros que sejam	Românticos
Minha atitude em relação às finanças é	"dinheiro não é uma prioridade"
Minha postura social é	"Convide até mesmo os vizinhos!"
Meu estilo de comunicação é	"o que vier a minha cabeça"
Minha prioridade é	Paz e harmonia
O que me incomoda é	Que meus sentimentos não sejam reconhecidos
Minhas manifestações de carinho são	Tantas quanto possíveis
Minha orientação religiosa é	Espiritualista
Gosto de receber cartões que sejam	Melosos

A PERSPECTIVA ROMÂNTICA DO CÉREBRO VERDE	
Eu valorizo	Tranquilidade
Sou naturalmente	Reservado e recluso
Minha postura pessoal é	Decidida
Emocionalmente, preciso	Ser seletivo
Gosto de encontros que sejam	Agendados
Minha atitude em relação às finanças é	Um sistema contábil
Minha postura social é	"Tenho mesmo que ir?"
Meu estilo de comunicação é	Dizer apenas o necessário
Minha prioridade é	Não dramatizar
O que me incomoda é	Não ter tempo para mim mesmo
Minhas manifestações de carinho são	Feitas quando ninguém está olhando
Minha orientação religiosa é	Erudita
Gosto de receber cartões que sejam	Sem frescuras

A PERSPECTIVA ROMÂNTICA DO CÉREBRO LARANJA	
Eu valorizo	Aventura
Sou naturalmente	Espontâneo e divertido
Minha postura pessoal é	Ativa
Emocionalmente, preciso de	Equilíbrio
Gosto de encontros que sejam	Animados
Minha atitude em relação às finanças é	"Se eu tenho, gasto!"
Minha postura social é	"Onde é a festa?"
Meu estilo de comunicação é	Expressivo
Minha prioridade é	Aproveitar
O que me incomoda é	Que os planos de outros interfiram nos meus
Minhas manifestações de carinho são	A qualquer hora e em qualquer lugar
Minha orientação religiosa é	Não-tradicional
Gosto de receber cartões que sejam	Engraçados

Confusões

As situações a seguir demonstram como você pode transformar um romance-modelo em confusão.

- Um Cérebro Amarelo pergunta a um Cérebro Verde: "Por acaso morreu alguém da sua família e você não me contou?"
- Um Cérebro Azul para de falar quando um Cérebro Verde retruca: "Não seja repetitivo. Eu escutei da primeira vez".
- Um Cérebro Verde abraça um Cérebro Azul e sussurra: "Dedico toda minha melancolia (*blue*, em inglês) a você, porque você é minha pessoa favorita e não *tenho de* conversar com você".
- Um Cérebro Laranja diz: "Na nossa lua de mel quero viajar para um lugar bem divertido". O Cérebro Verde responde: "Por quê?"

Eu Incomodo Você?

Frequentemente, somos atraídos por pessoas que possuem características e habilidades que não possuímos ou que gostaríamos de possuir. Mas, lembre-se, o que lhe atraiu no começo do relacionamento pode lhe incomodar mais tarde.

Cérebros Amarelos se irritam quando:

- Cérebros Amarelos desejam mais controle;
- Cérebros Azuis são dispersivos;
- Cérebros Verdes não lhes dão todos os detalhes;
- Cérebros Laranja não respeitam as regras.

Cérebros Azuis se irritam quando:

- Cérebros Amarelos limitam sua criatividade;
- Cérebros Azuis os sugam com o excesso dos seus dramas pessoais;
- Cérebros Verdes rechaçam seus sentimentos;
- Cérebros Laranja esgotam seu entusiasmo.

Cérebros Verdes se irritam quando:

- Cérebros Amarelos invadem sua reclusão;

- Cérebros Azuis falam demais;
- Cérebros Verdes insinuam que sabem mais;
- Cérebros Laranja "atiram" antes que eles "se preparem e apontem".

Cérebros Laranja se irritam quando:

- Cérebros Amarelos limitam sua diversão;
- Cérebros Azuis os mimam;
- Cérebros Verdes os criticam;
- Cérebros Laranja mudam de ideia com frequência.

Amor e Dinheiro

A forma como as pessoas lidam com as finanças é frequentemente a razão principal de sucesso ou fracasso de uma relação. Diariamente, as despesas com comida, aluguel e roupas podem ser perturbadoras. Durante, antes ou depois de um evento importante, como o casamento ou a morte de um familiar, o estresse financeiro gerado pela compra de uma casa ou automóvel, ou pelas despesas com a universidade, pode ser catastrófico.

O modo como cada uma das Cores do Cérebro lida com as finanças pode ser determinante para o estabelecimento de compatibilidade ou de conflito. Olivia Mellan, em seu livro *Money Harmony: Resolving Money Conflicts in Your Life and Relationships* (em tradução livre, *Harmonia Financeira: Solucionando os Problemas com Dinheiro em Sua Vida e Relacionamentos*, sem edição no Brasil), diz: "Do mesmo modo que em uma relação cada um possui uma personalidade diferente, as pessoas podem também possuir uma atitude diferente em relação ao dinheiro... Mas se vocês conversarem sobre essas diferenças, podem ser capazes de assumir alguns compromissos que diminuam o nível de tensão ao mínimo".

Atitudes em Relação ao Dinheiro

Para poder discutir suas atitudes em relação ao dinheiro, você deve compreender o modo as Cores do Cérebro influenciam seu comportamento financeiro.

Cérebros Amarelos fazem depósitos regulares em contas de poupança e contabilizam o quanto vão dispor para suas necessidades ou seus desejos. Os

Cérebros Laranja acham que os Cérebros Amarelos são malucos porque não gastam todo o dinheiro que possuem enquanto podem.

Os Cérebros Azuis não dão muita atenção a suas finanças. O que importa para eles são as pessoas e não o dinheiro. Eles contratam um Cérebro Verde para ajudá-los com suas finanças. Eles não pensam muito sobre o quanto gastam quando se dão o prazer de comprar um presente para alguém que amam.

Os Cérebros Verdes gostam de programas de computador que fazem a contabilidade de todas as suas despesas. Eles se frustram com os Cérebros Azuis quando precisam explicar como se faz contabilidade, o que é um orçamento e por que precisam de um.

Os Cérebros Laranja são gastadores, não poupadores, e sua atitude deixa loucos os Cérebros Amarelos, que frequentemente deixam os Cérebros Laranja irritados por desejarem limitar seus gastos e ensiná-los a ser financeiramente responsáveis.

Cérebros Verdes e Cérebros Amarelos apreciam mutuamente sua postura no que diz respeito a orçamentos e poupança. Cérebros Azuis e Cérebros Laranja compreendem reciprocamente sua atitude no que diz respeito a aproveitar a vida e gastar dinheiro.

Equilíbrio

Utilize as Cores do Cérebro para equilibrar tanto sua vida financeira quanto sua vida amorosa.

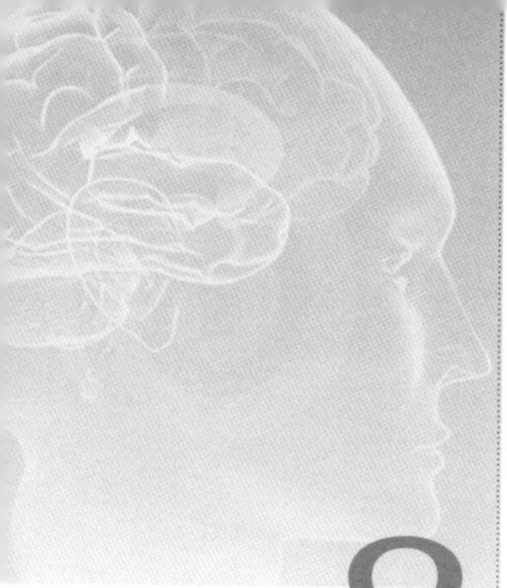

CAPÍTULO 8

Relações no Ambiente de Trabalho

Não vemos as coisas como elas são. Nós as vemos como somos.

– ANAIS NÏN

O Pequeno Canário

Durante um workshop para uma empresa de empreendimentos imobiliários, era de se esperar que os corretores de Cérebro Laranja fossem perturbar os assistentes administrativos de Cérebro Amarelo. A porta-voz dos assistentes disse: "Não somos compreendidos nem apreciados. Os corretores não valorizam cronogramas, fazem piada dos nossos requerimentos e não têm ideia das necessidades administrativas".

E o representante dos corretores respondeu: "Nós nos preocupamos com resultados e não com procedimentos relacionados ao cronograma das outras pessoas".

Após o almoço, um assistente Cérebro Amarelo, que já havia trabalhado como professor de inglês, leu o poema a seguir para os participantes do workshop:

Nós os Amarelos estamos Azuis de tristeza,
Por causa das coisas feias que disseram sobre nós.
Estamos Verdes de inveja das qualidades que todos vocês parecem ter.
Vocês não ficam Laranja de vergonha por nos deixar tão por baixo?

– JOAN FESSLER, Pequeno Canário meigo, carinhoso, inteligente e que adora se divertir.

O corretores Laranja entenderam a indireta e, no final dos trabalhos, um deles recitou o seguinte poema:

Cérebros Laranja adoram se divertir,
Mas sem a ajuda dos Amarelos
o trabalho não iria evoluir!

É mais fácil promover a harmonia e aumentar a produtividade quando se reconhecem as frustrações do outro e ele se sente compreendido.

A tabela na página 51 vai ajudá-lo a compreender as frustrações de seus colegas e a construir relações de compatibilidade e cooperação no ambiente de trabalho.

Trabalhando em Perfeita Harmonia

Você não vai mais precisar pensar nos seus colegas como "estrelas". Agora que sabe o que os deixa frustrados e sabe como fazê-los se sentir apreciados, você também pode se tornar uma "celebridade".

O auditório de uma agência de serviço social reverberou com os risos depois que os participantes completaram seu Teste das Cores do Cérebro. O nível de ruído se elevou rapidamente à medida que cada um colocava sua etiqueta Amarela, Azul, Verde ou Laranja no crachá. Esse momento da descoberta é o prelúdio de um coro vivo de exclamações e comentários divertidos.

"Oh, Michelle e eu somos exatamente das mesmas cores, não é de admirar que trabalhamos tão bem juntas!"

"Agora eu sei por que é tão difícil eu me acertar e trabalhar com o John; ele é tão Verde e eu tão Azul!"

"Incrível! É por isso que existe tanta harmonia em nosso grupo de trabalho!"

Isto é Intrigante!

"Um dos meus gerentes mais competentes me deixa muito intrigada", uma cliente me confidenciou durante um encontro para a preparação de um workshop. "Não tenho palavras para descrever seu comportamento. Ele está me enlouquecendo!"

"Sua equipe está tão frustrada e confusa que todo dia alguém quer pedir demissão. Eu o contratei porque me foi recomendado por meio de referências

O QUE FRUSTRA UM COLEGA DE TRABALHO	
FRUSTRAÇÕES DE UM CÉREBRO AMARELO	FRUSTRAÇÕES DE UM CÉREBRO AZUL
Não estar no controle	Apatia
Desorganização	Falta de consideração
Falta de preparo	Falta de comunicação
Irresponsabilidade	Desonestidade
Atrasos	Insensibilidade
Distrações	Falta de cooperação
Instruções mal apresentadas	Conflitos
FRUSTRAÇÕES DE UM CÉREBRO VERDE	FRUSTRAÇÕES DE UM CÉREBRO LARANJA
Interrupções	O planejamento feito por outra pessoa
Falta de compreensão sobre o quadro geral	Falta de tempo suficiente
Dados incompletos	Negatividade
Ausência de ideias próprias	Falta de ânimo
Redundância	Reclamações
Falta de planejamento	Espera
Falha nos sistemas técnicos	Falta de ação ou de resultados

profissionais brilhantes, mas não percebi que suas habilidades interpessoais eram tão inadequadas." E ela continua: "Como poderia saber que ele se comportaria como um tirano enraivecido se as coisas não saíssem do jeito que ele queria ou quando alguém da sua equipe ousasse lhe dar uma sugestão?"

"Parece que você tem um quebra-cabeça em que faltam algumas peças importantes", sugeri.

"Só algumas?", ela sorriu. "Olhando para ele ou observando-o em ação com um cliente, você não acreditaria que estamos falando da mesma pessoa. Mas como faço para encontrar as peças que faltam no quebra-cabeça?"

"É muito simples." Eu lhe assegurei. "A solução é descobrir as Cores do Cérebro do gerente e dos membros da equipe."

Você também pode achar que seus colegas são um enigma. As tabelas a seguir vão ajudá-lo a reconhecer as Cores do Cérebro do seu chefe ou gerente, e suas características, de acordo com a perspectiva das suas Cores do Cérebro.

A PERSPECTIVA DE UM CHEFE CÉREBRO AMARELO	
Amarelos Enxergam Amarelos como	Amarelos Enxergam Laranja como
Confiáveis	Assumem riscos
Eficientes	Motivados
Práticos	Inteligentes
Impacientes	Imaturos
Dedicados	Pouco cooperativos
Sérios	Precisam de gratificação imediata
Resistentes a mudanças	Imprevisíveis
Amarelos Enxergam Verdes como	Amarelos Enxergam Azuis como
Intelectuais	Afetuosos
Extremamente cuidadosos	Autênticos
Centrados	Sinceros
Insensíveis	Desorganizados
Pouco comunicativos	Falantes
Assumem ares de superioridade	Ambíguos

A PERSPECTIVA DE UM CHEFE CÉREBRO AZUL	
Azuis Enxergam Azuis como	Azuis Enxergam Laranja como
Bondosos	Espontâneos
Lidam bem com sentimentos	Habilidosos
Centrados na família	Agentes de mudança
Muito informais	Deixam tudo para depois
Sem foco	Desorganizados
Emotivos	Sem consideração
Azuis Enxergam Amarelos como	Azuis Enxergam Verdes como
Estruturados	Inteligentes
Perfeccionistas	Independentes
Cumpridores de tarefas	Lógicos
Mandões	Pouco razoáveis
Exigentes	Insensíveis
Preferem fazer eles mesmos	Pouco comunicativos

A PERSPECTIVA DE UM CHEFE CÉREBRO VERDE	
Verdes Enxergam Verdes como	Verdes Enxergam Laranja como
Sistemáticos	Engraçados
Razoáveis	Ativos
Racionais	Ingênuos
Pouco emotivos	Irriquietos
Intensos	Imprevisíveis
Indecisos	Exibidos
Verdes Enxergam Azuis como	Verdes Enxergam Amarelos como
Perdoam fácil	Convencionais
Harmoniosos	Confiáveis
Inovadores	Disciplinadores
Dispersivos	Preocupados
Ilógicos	Temperamentais
Arbitrários	Chatos

A PERSPECTIVA DE UM CHEFE CÉREBRO LARANJA	
Laranja Enxerga Laranja como	Laranja Enxerga Verdes como
Divertidos	Espertos
Impulsivos	Técnicos
Persuasivos	Instrutivos
Loucos	Insistentes
Cansativos	Distantes
Pouco realistas	Esnobes
Laranja Enxerga Amarelos como	Laranja Enxerga Azuis como
Organizados	Protetores
Pontuais	Confiáveis
Práticos	Criativos
Mandões	Sufocantes
Rígidos	Histéricos
Completam as tarefas à custa do resultado	Problemáticos

A Solução

Se você não é capaz de resolver aquilo que o intriga, a solução fica do tamanho de um quebra-cabeça de mil peças. Porém, se utilizar as tabelas com as Perspectivas das Cores do Cérebro dos Colaboradores, o quebra-cabeça se torna de fácil resolução.

Para ser produtivo e bem-sucedido no trabalho, eu o incentivo a gastar algum tempo descobrindo as peças do quebra-cabeça, de acordo com sua perspectiva, para compreender o modo de colocar cada uma no seu devido lugar. Fazendo assim, você diminui a frustração, melhora a cooperação e resolve o enigma com seus colaboradores.

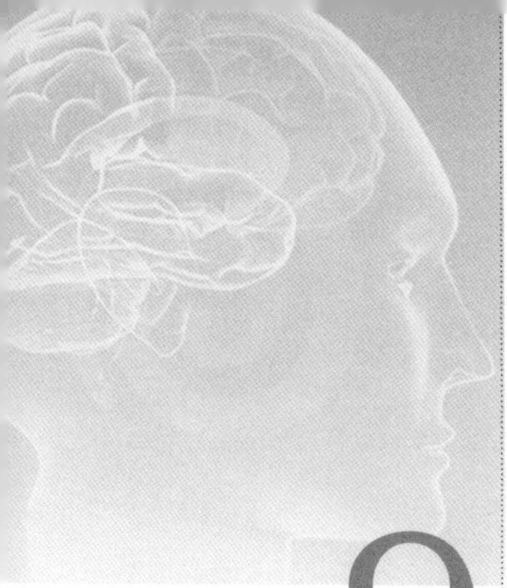

CAPÍTULO 9

Relações com Familiares e Amigos

Compartilhar as alegrias, seja de forma física, emocional, psíquica ou intelectual, constrói uma ligação entre os envolvidos, que pode ser a base para o entendimento do muito que não compartilham e que diminui o perigo das diferenças.

– Audre Lorde

Homens, Mulheres e as Cores do Cérebro

Reconhecendo e apreciando as diferenças em suas próprias Cores do Cérebro, você pode diminuir a ameaça criada pelas diferenças com os outros e aumentar o prazer e a compreensão em seus relacionamentos, especialmente homem–mulher. Segundo a dra. Louann Brizendine, no seu livro *O Cérebro Feminino*, "homens e mulheres possuem uma sensibilidade no cérebro diferente no que diz respeito a estresse e conflito. Eles utilizam áreas e circuitos diferentes para solucionar problemas, processar linguagem, experimentar e armazenar as emoções fortes. As mulheres se lembram dos menores detalhes de seu primeiro encontro e de suas piores brigas, enquanto seus maridos mal se recordam de que isso tudo tenha ocorrido".

As pessoas me perguntam que gênero é representado por cada uma das Cores do Cérebro. Minhas observações pessoais e profissionais ao longo do tempo dizem que um número substancial de mulheres tem Cérebro Amarelo e Azul, enquanto um número substancial de homens tem Cérebro Verde e Laranja. No capítulo 3, a relação entre escolhas de carreira e Cores do Cérebro também confirma minhas observações.

Minha relação com uma amiga que morou comigo valida o que descobri. Ela é um Cérebro Amarelo e eu, um Cérebro Azul. Somos professoras e curtimos o tempo "Azul" que passamos uma com a outra e com nossos filhos e netos. O marido dela é um Cérebro Verde e o meu, um Cérebro Laranja. Os dois são advogados e entusiastas esportistas "Laranja".

Antes que compreendêssemos e utilizássemos as Cores do Cérebro, nossas Cores de Conforto e de Fusão conflitantes causavam situações irritantes. Nossos cérebros femininos Amarelo e Azul batiam de frente com os cérebros masculinos Verde e Laranja quando o assunto era passar o tempo juntos como casal ou assistir a eventos esportivos na televisão. Com as Cores do Cérebro aprendemos a acomodar e apreciar o contraste entre nossas Cores do Cérebro, o que fortaleceu nossa relação individual e nossa amizade por mais de 40 anos.

Quem Preenche Seu Favo de Mel?

Quando penso nas minhas relações com parentes e amigos, visualizo meu coração como um favo de mel, com um compartimento para cada uma das pessoas. Entretanto, algumas vezes, parece que o favo foi preenchido pelo elenco de um dramalhão mexicano e não por modelos de uma "família exemplar". Pense sobre aqueles que preenchem seu favo de mel.

As tabelas nas páginas 58 e 59 vão auxiliá-lo a compreender como as perspectivas das Cores do Cérebro influenciam seus parentes e amigos que estão nos compartimentos do seu favo de mel.

Vamos Tirar umas Férias

Imagine-se tirando férias com as Cores do Cérebro de um dramalhão mexicano ou com modelos perfeitos da "família exemplar". Será uma oportunidade inesquecível para examinar seus relacionamentos do ponto de vista das Cores do Cérebro.

Os Cérebros Amarelos tomam as providências para uma viagem bem planejada. Se não querem contratar um guia turístico nem participar de uma excursão, eles farão a lição de casa com antecedência, planejarão a viagem inteira e se transformarão no próprio guia turístico. As férias familiares são marcadas ano após ano para a mesma época e local, seja alugando um chalé ou indo para um *resort*. A bagagem é arrumada com antecedência. Eles preferem destinos que incluam atividades tanto para as crianças quanto para eles mesmos. Se for uma viagem de carro, eles verificam a condição da estrada com as autoridades e adquirem todos os mapas necessários para percorrer aquela rota. E, também, uma rota alternativa. Eles sabem onde fica cada ponto de parada para descanso, combustível e alimentação, além dos pontos de interesse.

Cérebros Azuis adoram se reunir com parentes, amigos íntimos, colegas e vizinhos, bem como fazer viagens de contato com a natureza. Eles gostam de ajudar as pessoas a preparar suas coisas e arrumar as malas para seu tempo juntos. Férias são uma oportunidade para se dedicar às pessoas que eles amam. Como seus bichos de estimação fazem parte da família, eles os levam consigo e ficam hospedados em locais que aceitam animais. Eles apreciam a atmosfera caseira de um lugar onde podem sentar para bater papo com os proprietários e outros hóspedes, como em uma pousada ou um camping. Em viagens de carro, eles gostam de fazer paradas para aproveitar melhor o tempo com parentes e amigos. Eles gostam de lugares com belas paisagens, onde podem capturar suas imagens, que serão armazenadas em um DVD com fundo musical ou em um álbum de fotografias assim que voltarem para casa.

Cérebros Verdes preferem viajar sozinhos ou em pequenos grupos, ao lado de indivíduos que compartilhem os mesmos interesses. Eles apreciam viagens educativas para sítios históricos, museus e ruínas de antigas civilizações ou lugares onde possam adquirir conhecimento relacionado a sua área de atuação. Se planejam visitar um país estrangeiro, eles aprenderão a língua e buscarão livros sobre a cultura e os costumes daquele povo. Eles possuem um sistema para arrumar a bagagem e levam apenas o essencial. Gostam de se hospedar em locais que proporcionem privacidade ou equipamento tecnológico que necessitam ou desejam. Eles fazem pesquisas e repassam para os seus companheiros de viagem informações detalhadas sobre fatos e números, além dos pontos de interesse que eles localizaram e baixaram no seu GPS (sigla em inglês para Sistema de Posicionamento Global).

Os Cérebros Laranja adoram espontaneidade e variedade para suas férias. Eles acham excitantes os lugares desconhecidos e exóticos. Estão no topo da sua lista as viagens esportivas que incluam voo de helicóptero, velejar, *rafting* em cachoeiras ou um safári na África. Eles acham vantajoso fazer um planejamento de Cérebro Amarelo para que tenham acesso ao equipamento correto e reservas das atividades no ponto de destino, mesmo que isso signifique ignorar os planos das outras pessoas. Pesquisar e comprar os artigos esportivos são tarefas quase tão divertidas quanto a própria viagem. A hospedagem não precisa ser de luxo; entretanto, se possuem os meios, gastarão o dinheiro para ter acesso ao melhor possível. Uma viagem de última hora e uma escapada de fim de semana são perfeitas para tirá-los do tédio da sua rotina diária. Eles entram no carro e continuam a guiar até encontrar um lugar que lhes pareça interessante ou divertido. Descanso e relaxamento fazem parte do seu vocabulário e são uma necessidade após a loucura das férias.

A PERSPECTIVA DE PARENTES E AMIGOS COM CÉREBRO AMARELO	
Minha atitude é	"Faça agora e do meu jeito."
Meu estilo pessoal é	Disciplinado e dedicado
Minha casa é	Organizada
Com os outros,	Eu os informo sobre as "minhas" normas
Preciso de	Horários
Minha necessidade financeira é	Uma conta poupança
Eu incentivo	Respeito e pontualidade
Eu demonstro amor	Cuidando da minha família
Eu resolvo problemas	Seguindo diretrizes
O que me estressa:	Falta de respeito e irresponsabilidade
Quando estou chateado,	Eu me preocupo e me sinto culpado
Eu relaxo	Depois que está tudo pronto

A PERSPECTIVA DE PARENTES E AMIGOS COM CÉREBRO AZUL	
Minha atitude é	"Eu apoio o tempo todo"
Meu estilo pessoal é	Devotado e com consideração
Minha casa é	Aconchegante
Com os outros,	Sou bom ouvinte e comunicador
Preciso de	Conversas
Minha necessidade financeira:	"nenhuma, não me preocupo com dinheiro"
Eu incentivo	Flexibilidade e amor pela Natureza
Eu demonstro amor	Dando presentes, beijos e abraços
Eu resolvo problemas	Conversando com as pessoas
O que me estressa:	Preocupar-me demais com os outros
Quando estou chateado,	Eu digo "estou bem", mas não estou
Eu relaxo	Com meus amigos, parentes e bichos de estimação

A PERSPECTIVA DE PARENTES E AMIGOS COM CÉREBRO VERDE	
Minha atitude é:	"Descubra você mesmo"
Meu estilo pessoal é:	"não interfiro e sou objetivo"
Minha casa é	Calma
Com os outros,	Não sou de muita cortesia
Preciso de	Eficiência
Minha necessidade financeira é	Estudar a relação custo–benefício
Eu incentivo	A autossuficiência
Eu demonstro amor	Por meio de ação e não de palavras
Eu resolvo problemas	Sem envolvimento emocional, por meio de reflexão profunda
O que me estressa:	Pessoas interferindo nos meus negócios
Quando estou chateado,	Eu dispenso o "fique calmo!"
Eu relaxo	Em minha companhia

A PERSPECTIVA DE PARENTES E AMIGOS COM CÉREBRO LARANJA	
Minha atitude é:	"Faça o seu melhor"
Meu estilo pessoal é	Fraternal e otimista
MInha casa é	Bagunçada
Com os outros	Eu deixo que sejam eles mesmos
Preciso de	Variedade
Minha necessidade financeira é	Gastar dinheiro com coisas que me deem prazer
Eu incentivo	Assumir riscos
Eu demonstro amor	Com surpresas e presentes
Eu resolvo problemas	Na hora, reagindo rapidamente
O que me estressa:	Que me digam o que fazer
Quando estou chateado,	"Estou fora!"
Eu relaxo	Com atividade física

Use a Linguagem das Cores do Cérebro

Se você está em casa ou passeando de férias, as dicas a seguir podem ajudá-lo a aperfeiçoar suas relações com parentes e amigos.

- Quando pedir a alguém para fazer uma tarefa em casa, estar pronto na hora certa ou arrumar a bagagem para uma viagem, diga: "Gostaria que você usasse seu Cérebro Amarelo para...".
- Se você precisa que alguém o ajude com a louça do jantar, que pendure seu traje de banho para secar ou que ajude um parente mais velho a se preparar para uma foto de família, diga: "Gostaria que você usasse seu Cérebro Azul para...".
- Se você tem problemas para conseguir que seus filhos façam a lição de casa, não quer perder tempo ou ficar perdido em uma viagem de carro ou se não consegue imaginar como não se envolver emocionalmente para resolver um problema, diga: "Seu Cérebro Verde seria muito útil para...";
- Se você e seu companheiro(a) discutem a forma de iniciar um novo negócio, se seus amigos ficam assistindo à televisão em vez de aproveitarem as atividades que o hotel ou o bom tempo proporcionam ou se você percebe que levou muito a sério uma questão pessoal, diga: "Vamos usar nosso Cérebro Laranja para...".

Distinção entre Parentes e Amigos

Cada uma das Cores do Cérebro possui um modo particular de distinguir seus amigos e parentes.

- Cérebros Amarelos dão títulos às pessoas: "meu melhor amigo", "minha amiga de infância", "minha Lilizinha".
- Cérebros Azuis consideram os familiares como amigos e os amigos como parte da família.
- Cérebros Verdes são seletivos. Eles podem conhecer muita gente, mas têm poucos amigos.
- Cérebros Laranja se referem às pessoas com quem têm negócios como: "minha amiga Carol, a nutricionista da loja de produtos naturais"; "todos os meus amigos da loja de jardinagem".

Um Amigo Compreensivo

Frequentemente, consideramos membros da família como amigos e nossos amigos como membros da família. No seu poema *Amizade*, Bessie P. Owens mostra como é maravilhoso ser compreendido, compartilhar laços significativos e ser aceito incondicionalmente:

O sorriso alegre de alguém que cruza meu caminho;
Um aplauso verdadeiro e cheio de carinho!
Ser socorrido quando estou em perigo,
E a vida fica triste...
Ah, a alegria de ter um amigo.

– Bessie P. Owens

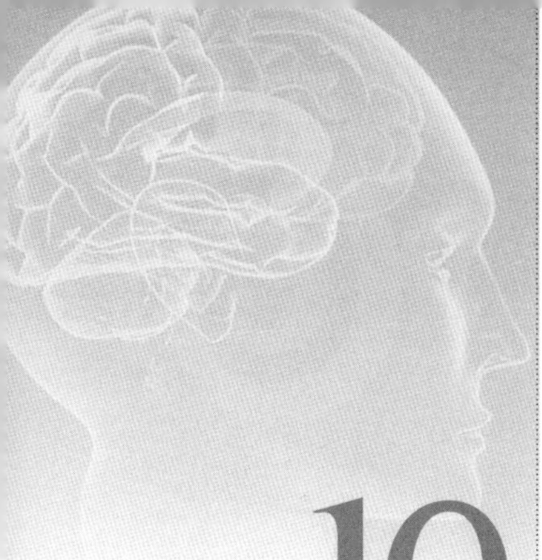

CAPÍTULO 10

Relações com Crianças

As estatísticas a seguir, recolhidas de meus projetos de pesquisa e workshops, vão ajudá-lo a compreender seus filhos e a manter uma relação harmoniosa.

Pré-escola e Ensino Fundamental:	Ensino Médio
70-75% de Cérebros Laranja	40-45% de Cérebros Laranja
10-15% de Cérebros Azuis	30-34% de Cérebros Azuis
8-12% de Cérebros Amarelos	10-15% de Cérebros Amarelos
5-8% de Cérebros Verdes	5-10% de Cérebros Verdes
Adultos	
35-40% de Cérebros Amarelos	
35-40% de Cérebros Azuis	
10-15% de Cérebros Verdes	
10-15% de Cérebros Laranja	

O Desenvolvimento do Cérebro

Observe que a porcentagem de Laranja (lobo frontal) entre os estudantes do ensino fundamental é o dobro do Amarelo (lobo temporal) entre os adultos. Esse contraste pode influenciar, de forma significativa seu relacionamento com crianças pequenas.

Segundo Rita Carter, autora do *Livro de Ouro da Mente*, "um núcleo chamado formação reticular, por exemplo, que desempenha importante papel na manutenção da atenção, geralmente só se torna completamente mielinizado durante ou após a puberdade, o que explica por que crianças pré-pubescentes têm pouca concentração. Os lobos frontais não estão completamente mielinizados até a maturidade. Esse, talvez, seja o motivo que explique por que jovens adultos são mais emotivos e impulsivos que pessoas mais velhas".

(Nota: mielina é uma substância branca que forma uma bainha de isolamento, permitindo que a eletricidade passe rápida e diretamente para o cérebro.)

O contraste explica a frustração no relacionamento entre adultos Cérebro Amarelo e crianças Cérebro Laranja do ensino fundamental. Entretanto, o contraste entre adultos Amarelos e estudantes Laranja do ensino médio é menor porque as crianças nessa faixa de idade já possuem um lobo frontal mais desenvolvido.

O Evento na Área de Psicologia

Em 1998, fui mediadora de um estudo sobre as Cores do Cérebro em um evento de estudantes de psicologia da Fremd High School, em Palatine, nos Estados Unidos. As porcentagens a seguir se referem aos 194 estudantes que participaram do projeto de pesquisa.

- 43% Laranja: altamente impulsivo e guiado pela ação (porcentagem contrária à de adultos).
- 31% Azul: possui grande desejo de agradar aos outros e obter sua aprovação (porcentagem similar à de adultos).
- 15% Amarelo: o senso de responsabilidade e obrigação pelas escolhas que fazem é excepcionalmente baixo (porcentagem contrária à de adultos).
- 11% Verde: nível de raciocínio lógico em relação às consequências dos seus atos é extremamente baixo (porcentagem similar à de adultos).

O Cérebro do Adolescente

As estatísticas do evento dos estudantes de psicologia demonstram por que conviver e trabalhar com adolescentes pode ser turbulento, mesmo que você possua a mesma Cor do Cérebro.

- Um Cérebro Amarelo deseja ter mais controle sobre sua própria vida do que você. "As coisas mudaram e suas regras são antiquadas."
- Um Cérebro Azul pensa: "Não existe a menor possibilidade de você compreender meus sentimentos e tudo pelo que estou passando!"
- Um Cérebro Verde pensa que é mais esperto que você. Quando nosso filho mais velho era adolescente, colocamos na porta do seu quarto um cartaz com os dizeres: "Se você quer saber de tudo, pergunte a um adolescente!"
- Um Cérebro Laranja concordaria totalmente com Katharine Hepburn: "Se você obedece a todas as regras, acaba perdendo toda a diversão".

Eu o aconselho a utilizar o sistema das Cores do Cérebro para sobreviver à adolescência ou até que seus filhos se tornem jovens adultos e percebam que você não é mais o inimigo e que também possui um cérebro! As tabelas nas próximas páginas revelam a perspectiva dos seus filhos e oferecem um guia para a construção e manutenção de uma relação harmoniosa.

Ângelo "Laranja Néon"

Compartilhar as ideias sobre as Cores do Cérebro com alunos, pais e professores nos Estados Unidos, no Canadá e na Europa tem sido um privilégio e um prazer. Meu coração se alegra cada vez que recebo um telefonema, e-mail ou carta sobre como as Cores do Cérebro têm ajudado essas pessoas.

Minha colega de quarto de faculdade implementou os conceitos das Cores do Cérebro em sua sala de aula para promover um ambiente de estudos seguro e de respeito. Antes de Michelle se aposentar, tivemos muitas oportunidades de trabalhar juntas e de apreciar as Cores do Cérebro dos seus alunos.

Ela utilizou as Cores do Cérebro, em primeiro lugar, em um programa suplementar para estudantes de educação especial em uma classe do quarto grau. Um dia ela me telefonou para contar uma história que nos levou a lágrimas de felicidade.

"Quando eu e meus alunos entramos na sala de aula do quarto grau, notei que as carteiras haviam sido rearranjadas. Ângelo, um Cérebro Laranja, correu para mim e disse: 'Senhora Bracken, nossa professora substituta é Amarelo Néon!' Isso tinha ficado óbvio porque as carteiras não estavam mais arranjadas em grupos de aprendizagem, mas em fileiras lineares.

Como a professora Amarelo Néon havia deixado a sala, eu pude perguntar à classe como iam as coisas. Fiquei sabendo que sentiam falta de sua professora titular, um Cérebro Laranja/Verde, e que Ângelo havia passado toda a manhã no corredor.

A PERSPECTIVA DE UMA CRIANÇA COM CÉREBRO AMARELO	
Gosto de	Ser cuidadoso
Eu sou	Um líder
Minha atitude é	Seguir as regras
Na escola,	Eu sou o ajudante do professor
Aprendo melhor	Quando estou preparado
Em casa,	Guardo minha mesada
Com meus amigos,	Faço planos para estarmos juntos
Preciso de	Instruções e organização
Na minha camiseta está escrito:	"Sou responsável e me orgulho disso"
Gosto de ler	Livros de História e biografias
Fico frustrado com	Falta de organização
Quando estou infeliz,	Fico nervoso e preocupado
Para me incentivar, diga	"Tenho orgulho de você!"

A PERSPECTIVA DE UMA CRIANÇA COM CÉREBRO AZUL	
Gosto de	Falar honestamente sobre meus sentimentos
Eu sou	Um artista
Minha atitude é	Colaborar
Na escola,	Eu ajudo meus amigos
Aprendo melhor com	Reforço visual
Em casa,	Gosto de demonstrações de amor
Com meus amigos,	Sou um bom ouvinte
Preciso de	Beijos e abraços
Na minha camiseta está escrito:	"Vamos trabalhar unidos"
Gosto de ler	Histórias de fantasia e com animais
Fico frustrado com	Egoísmo
Quando estou infeliz,	Eu choro
Para me incentivar, diga	"Te amo"

A PERSPECTIVA DE UMA CRIANÇA COM CÉREBRO VERDE	
Gosto de	Solucionar problemas
Eu sou	Um mago do computador
Minha atitude é	Ser um indivíduo
Na escola,	Sou curioso e gosto de trabalhar sozinho
Aprendo melhor com	Livros e computador
Em casa,	Gosto da minha privacidade e não demonstro meus sentimentos
Com meus amigos,	Sou um solitário e não sigo a multidão
Preciso de	Tempo para entender as coisas
Na minha camiseta está escrito:	"Tem de fazer sentido"
Gosto de ler	Livros de mistério e de ficção científica
Fico frustrado com	Repetição
Quando estou infeliz,	Não quero falar
Para me incentivar, diga	"Acho você muito inteligente!"

A PERSPECTIVA DE UMA CRIANÇA COM CÉREBRO LARANJA	
Gosto de	Realizar
Eu sou	Um atleta
Minha atitude é	Se divertir
Na escola,	Gosto de "fazer" e não "ouvir"
Aprendo melhor com	Diferentes atividades práticas
Em casa,	Gosto de "fazer minhas coisas"
Com meus amigos,	Gosto de jogos e esportes
Preciso de	Agitação
Na minha camiseta está escrito:	"Sou pura energia!"
Gosto de ler	Livros de aventura e narrativas sobre esportes
Fico frustrado com	Regras
Quando estou infeliz,	Comporto-me mal
Para me incentivar, diga	"É divertido estar com você"

'Ângelo, como foi passar a manhã inteira no corredor?', perguntei.

'Foi bom, porque sei que sou Laranja Néon e que a professora substituta é Amarelo Néon. Ela não é Verde e sabida como a Senhora Weiss', gabou-se ele. Ângelo, que infelizmente não vive em condições ideais na sua casa, sabia que estava seguro e que era estimado na sua sala de aula. E o melhor: tinha orgulho de ser Laranja Néon!"

O conceito das Cores do Cérebro deu a Ângelo a oportunidade de reconhecer e valorizar sua capacidade e suas habilidades, mesmo quando os outros não o faziam. Michelle e eu nunca esquecemos Ângelo, e esperamos que ele nunca se esqueça de como é extraordinário seu "Laranja Néon".

Programação Familiar

As famílias me dizem que anotam suas atividades em uma tabela ou calendário, utilizando as Cores do Cérebro. Professores contam que utilizam as Cores do Cérebro para colocar na lousa as atividades diárias ou semanais dos alunos.

Tarefas em Casa

- Amarelos: limpar o quarto, retirar o lixo, passear com o cachorro ou cortar a grama.
- Azuis: estudar e praticar instrumentos musicais.
- Verdes: fazer lição de casa ou estudar um assunto específico.
- Laranja: encontrar com amigos, praticar esportes e jogos, tirar férias escolares e com a família.

Programação Escolar

- Amarelos: ir para a biblioteca, limpar a classe, preparar a sala de aula para algum evento especial.
- Azuis: assistir a aulas de música ou de artes e ensaiar.
- Verdes: assisitir a aulas de matemática e ciências, estudar para as provas ou participar de viagem educativa.
- Laranja: participar de recreações, assistir a aulas de educação física, praticar esportes e sair de férias.

O Que Devo Vestir Hoje?

Crianças, seus pais e professores contam que utilizar uma camiseta, boné, sapatos ou meias de uma determinada Cor do Cérebro em casa ou na escola aumenta visualmente sua capacidade de concluir uma tarefa.

- Amarelo para ser mais organizado em relação às suas tarefas em casa e na escola.
- Azul para ser mais criativo em aulas de música ou artes.
- Verde para permanecer focado nas provas.
- Laranja para ter mais energia em uma competição de atletismo.

Adultos dizem que também vestem roupas com Cores do Cérebro específicas para auxiliá-los no alcance de determinadas metas.

Quartos de Dormir com as Cores do Cérebro

No capítulo 6, você aprendeu a aumentar sua percepção sobre as condições ideais nas quais suas Cores do Cérebro se desenvolvem e a estar alerta para alterações no meio ambiente. Você pode imediatamente reconhecer a Cor do Cérebro de uma criança porque as características do seu quarto revelam essa cor.

- Cérebros Amarelos: Seu quarto é imaculado. É organizado com cômoda, armário e móveis específicos para guardar seus brinquedos e seu material escolar. Eles se chateiam quando um adulto arruma seu quarto enquanto estão na escola; quando voltam, encontram as coisas fora do lugar. Eles ficarão bravos com seus amigos ou irmãos se eles mexerem nas *suas* coisas e não as colocarem de volta no lugar.
- Cérebros Azuis: Seu quarto tem um ambiente aconchegante de relaxamento, com espaço para brincadeiras cheias de imaginação com seus brinquedos favoritos. Os adultos, muitas vezes, querem que eles façam uma limpeza nos seus brinquedos ou bichos de pelúcia porque acham que a criança tem muitos deles, ou já estão muito grandes para eles, ou não precisam mais. Para as crianças, esses brinquedos são seus *amigos* e elas não querem se separar deles ou abandoná-los.
- Cérebros Verdes: Seu quarto é equipado com computador, jogos para computador e brinquedos mecânicos. Eles passam muito tempo sozinhos e não sentem necessidade de outras crianças para brincar. Certifique-se de bater e pedir licença para entrar nesse santuário. Essas crianças gostam

de descobrir como funcionam as coisas e desmontam seus brinquedos para ver como são por dentro. Seu quarto, muitas vezes, assemelha-se ao pátio de um ferro-velho, com experimentos bem-sucedidos, quase completos, e outros nem tanto.

- Cérebros Laranja: Seu quarto é um "caos criativo" em que se divertem e trabalham em projetos que, de modo intermitente, prendem sua atenção. Eles *nunca* limpam o quarto, a menos que um adulto mande ou que precisem encontrar alguma coisa. Invente um jogo do tipo *Em Quanto Tempo Você É Capaz de Arrumar seu Quarto*, e não se esqueça de premiá-los depois pelo seu esforço!

Cooperação Colorida

A Cor do seu Cérebro funciona com crianças porque é rapidamente apreendida e compreendida. Se você deseja que seu filho coopere mais, peça-lhe que seja:

- amarelo, e que limpe seu quarto;
- azul, e que ajude a carregar as compras;
- verde, e que faça a lição de casa;
- laranja, e que planeje algumas brincadeiras para sua festa de aniversário.

Um Pouco de Diversão

No filme *Mary Poppins*, Julie Andrews diz ao casal Michael e Jane Banks: "Em cada trabalho a ser feito existe uma parte que é diversão. Você encontra a diversão e — pronto! — o trabalho vira uma brincadeira!"

Utilizando as Cores do Cérebro, você acrescenta uma parte de diversão no seu relacionamento com crianças de todas as idades.

PARTE II: RESUMO DAS CONEXÕES ENTRE AS CORES DO CÉREBRO				
Aspecto	Amarelos	Azuis	Verdes	Laranja
O que as torna atraentes	Respeito	Consideração	Competência	Espontaneidade
Por que incomodam os outros	Muito controladores	Muito sensíveis	Intimidantes e insensíveis	Muito imprevisíveis
Relações amorosas	Sérios e compromissados	Harmônicos e carinhosos	Reservados e calmos	Expressivos e bem-humorados
O que frustra os colegas	Desordem e atraso	Apatia e conflito	Redundância e intromissão	Negatividade e espera
Necessidades dos colegas	Instruções claras e detalhadas	Ampla discussão sobre o assunto	Tecnologia de ponta	Resultados imediatos
Necessidades de parentes e amigos	Horários e dedicação	Conversas e apoio	Estar sozinho e sem intromissão de ninguém	Liberdade e otimismo
Necessidades de crianças	Instruções e organização	Beijos e abraços	Tempo para entender	Agitação e "fazer minhas coisas"

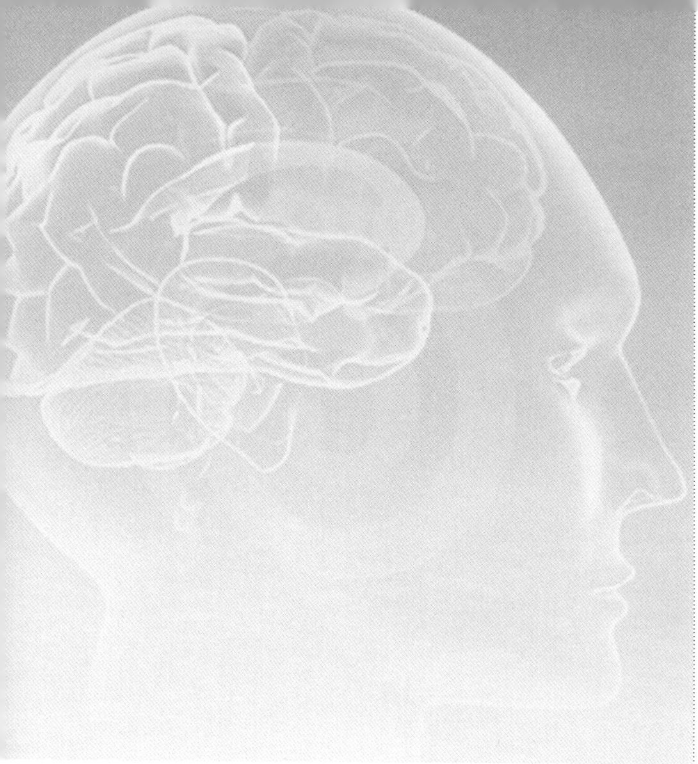

PARTE 3

Comunicação Entre as Cores do Cérebro

CAPÍTULO 11

Relações com Crianças

As cores são uma linguagem universal. Carl Jung, famoso por seus quatro tipos básicos de personalidade, disse:

As cores são a língua materna do subconsciente.

Cores do Cérebro como Segunda Língua

Quando as pessoas viajam para outro país, com frequência tentam aprender o idioma ou algumas frases básicas. No entanto, você não precisa sair do conforto da sua casa para ser fluente nas Cores do Cérebro. Geralmente as crianças se tornam fluentes nas Cores do Cérebro mais rápido que os adultos. Entretanto, tenho certeza de que você pode aprender a falar fluentemente a linguagem das Cores do Cérebro e transformá-la no seu segundo idioma.

Eu estava fazendo compras na minha loja de brinquedos favorita e conversava com o proprietário, que é fluente na língua das Cores do Cérebro. Nós discutíamos a Cor do Cérebro da minha sobrinha como mãe para escolher o tipo de presente que eu deveria comprar para suas filhas.

"Você é a senhora das Cores do Cérebro, não é? Você é Sheila Glazov!", disse outra cliente da loja.

"Sim, sou eu", respondi.

"Eu me recordo de você por causa das Cores do Cérebro", ela disse. "Nós nos conhecemos quando eu trabalhava no departamento de roupas infantis de uma loja em que a senhora autografava exemplares do seu primeiro livro."

Não nos víamos fazia quase dez anos! Fiquei surpresa e encantada com o fato de ela ainda falar a língua das Cores do Cérebro.

Você Está Escutando?

Quando nos comunicamos, as pessoas, conscientemente, (e, às vezes, inconscientemente) nos mostram quais são suas Cores do Cérebro. É muito fácil refinar suas habilidades auditivas e se divertir escutando disfarçadamente sempre que possível.

- Cérebros Amarelos usam "devo" ou "tenho de" quando falam de si mesmos e de outros.
- Cérebros Azuis dizem como "adoram" ou "se sentem" em relação a alguma coisa ou a alguém.
- Cérebros Verdes perguntam sobre a escola que você frequentou e qual seu nível educacional.
- Cérebros Laranja perguntam de que forma você se diverte.

Como Você se Comunica?

Cada uma das Cores do Cérebro se comunica de acordo com a própria perspectiva, seja por telefone, e-mail, carta ou convite.

- Cérebros Amarelos "tem de" comunicar e ter responsabilidade: eles comparecerão ao casamento.
- Cérebros Azuis "adoram" comunicar e dividir com os outros: eles serão avós!
- Cérebros Verdes "precisam" se comunicar com um propósito: eles precisam do seu código no almoxarifado.
- Cérebros Laranja "desejam" comunicar algo sensacional: eles acabam de ser promovidos e aumentados.

Despedindo-se

Para terminar um contato telefônico ou se despedir pessoalmente, você poderá ouvir:

- Cérebros Amarelos dizendo: "se cuida!";
- Cérebros Azuis dizendo: "te amo!";
- Cérebros Verdes não dizem nada. Eles já falaram o que queriam e simplesmente desligam o telefone;
- Cérebros Laranja dizendo: "divirta-se!".

O "Melhor" Vendedor

Nosso filho mais novo é um Cérebro Laranja. Quando ele se tornou o melhor representante de vendas, seu gerente quis saber como ele havia sido tão bem-sucedido.

"Eu conheço as Cores do Cérebro dos meus clientes", nosso filho respondeu. "Quando faço meu primeiro contato, marcando uma visita, eu sempre menciono a pessoa que me recomendou a ele. Pergunto, então, se posso apresentar o produto que estou oferecendo e presto atenção na resposta da sua Cor do Cérebro:

- Cérebros Amarelos dizem que precisam, primeiro, verificar a agenda e ver como está sua programação;
- Cérebros Azuis me contam tudo sobre sua relação com a pessoa que me recomendou e acrescentam: 'Fico feliz em poder ajudar';
- Cérebros Verdes geralmente não atendem porque não gostam de falar ao telefone. Quando o fazem, eu lhes digo que sou estudante universitário, onde estou cursando e por que meu produto é tão eficiente;
- Cérebros Laranja dizem que estão loucos para ver o que eu tenho e perguntam: 'Você pode vir hoje mesmo?'"

O gerente, que também é um Cérebro Laranja, tinha tanto interesse em aumentar as vendas que pediu a mim e a meu filho que apresentássemos um workshop para a equipe de vendas da empresa.

A seguir, algumas dicas de venda para se comunicar com cada uma das Cores do Cérebro.

Com Cérebros Amarelos:

- seja educado e pontual;
- respeite os valores pessoais deles sobre organização e normas;
- mantenha-se nos trilhos;
- conte-lhes todos os detalhes;
- incentive-os a falar sobre as conquistas deles.

Com Cérebros Azuis:

- demonstre sinceridade;
- respeite as emoções deles;
- dê exemplos para explicar seu ponto de vista;
- relacione-se com eles pessoalmente;
- incentive-os a falar sobre a família deles.

Com Cérebros Verdes:

- não converse fiado;
- respeite a privacidade deles;
- seja breve e instrutivo;
- forneça-lhes dados e estatísticas;
- incentive-os a falar sobre os conhecimentos deles, não os seus.

Com Cérebros Laranja:

- seja direto;
- respeite a espontaneidade deles;
- defenda suas ideias com rapidez;
- apresente-lhes resultados e não dados e estimativas;
- incentive-os a falar sobre os *hobbies* e férias deles.

Venda Suas Ideias

Pode ser que você não seja um vendedor de produtos ou serviços. No entanto, diariamente, você vende aos outros suas ideias:

- ao seu cônjuge sobre onde quer passar as férias;
- ao colega de trabalho para que faça hora extra e o ajude a terminar um projeto;

- a um parente para que a próxima celebração seja na casa dele;
- aos seus filhos sobre ficarem prontos e tomarem café a tempo de pegarem o ônibus da escola.

"Você Está Falando em Verde!"

No livro de Deborah Tannen, *Você Simplesmente Não Me Entende: o Difícil Diálogo entre Homens e Mulheres*, ela afirma: "Todos queremos, acima de tudo, ser ouvidos —, mas não meramente ouvidos. Queremos ser compreendidos — escutados por aquilo que pensamos que estamos dizendo, pelo que sabemos que queremos dizer".

Agora que você sabe como é fácil escutar, comunicar e vender utilizando as Cores do Cérebro, acredito que aprenderá rapidamente a ser fluente na língua das Cores do Cérebro. Sua fluência permitirá que se comunique com clareza, o que ajudará os outros a escutá-lo de maneira inequívoca e a compreender o significado do que você quer dizer.

Utilizar seu conhecimento sobre as Cores do Cérebro com pessoas com as quais você não interage regularmente é uma ferramenta valiosa na construção de relacionamentos. Uma conversa telefônica entre um especialista em computadores de Cérebro Verde/Amarelo e eu, de Cérebro Azul/Laranja, reforça essa ideia.

Antes de começarmos a trabalhar juntos, eu perguntei a ele se faria o Teste das Cores do Cérebro. Ele concordou e estava ansioso para descobrir suas Cores. Fiquei encantada quando ele me mandou o resultado, que confirmava meu palpite. Ele era um Cérebro Verde. A maioria dos Cérebros Verdes possui mais intimidade com tecnologia que os Cérebros Azuis.

Eu também sabia que era fundamental para nossa relação de trabalho que ele compreendesse o conceito das Cores do Cérebro. Durante uma conversa preliminar, notei uma mudança no tom da sua voz. Sabia que ele estava irritado com minhas perguntas repetitivas.

Minha frustração aumentou rapidamente. Ele não conseguia entender minha confusão e necessidade de esclarecimento sobre a terminologia técnica. Finalmente, eu disse: "Você está falando em Verde e eu em Azul".

"Entendi!", foi a resposta pelo telefone.

Se ele não tivesse entendido, tenho certeza de que terminaríamos ali nossa conversa e nossos planos. As Cores do Cérebro nos ajudaram a estabelecer um relacionamento agradável e compatível que funciona.

Tornando Mais Fácil

Usar as Cores do Cérebro torna mais fácil:

- escutar os outros;
- reconhecer o ponto de vista deles;
- transmitir seu ponto de vista;
- vender suas ideias, produtos e serviços.

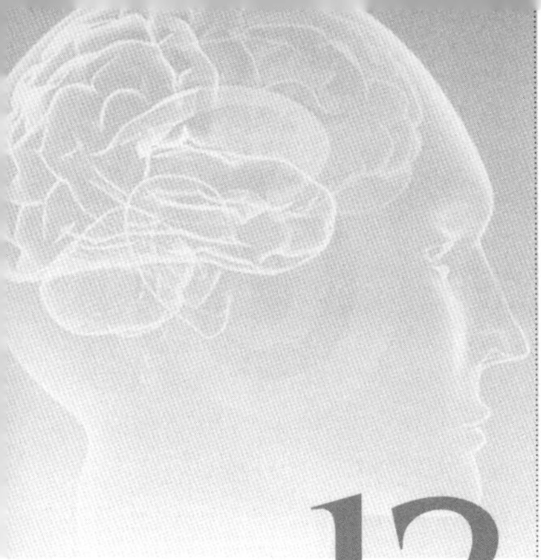

CAPÍTULO 12

Conecte-se aos Outros e Crie Harmonia

Entendimento é a sincronização e conexão da perspectiva de uma das Cores do Cérebro com outra. Um prestigiado advogado de Cérebro Verde (a maioria dos advogados possui Cérebro Verde) me relatou o caso a seguir.

Senhoras e Senhores do Júri

"Eu selecionava um júri para um caso de danos pessoais; eu representava o reclamante, cuja queixa era de que o acusado havia sido negligente e não havia cumprido os procedimentos adequados para a construção de um shopping center. Durante a seleção dos jurados, eu procurava por pessoas que considerassem importante o cumprimento de normas e regulamentos; por isso, questionava os jurados sobre sua atitude em relação à dedicação, prestação de serviços, regras, confiabilidade e responsabilidade. Em outras palavras, eu procurava por Cérebros Amarelos. Além disso, eu procurava jurados que valorizassem a família e a importância das relações harmoniosas; esses seriam os Cérebros Azuis.

Por sua vez, eu não estava interessado em Cérebros Verdes, pois, no final das contas, buscava indenização para meu cliente e acreditava que jurados com Cérebro Verde seriam analíticos demais e não iriam considerar de grande importância os problemas resultantes da vida e da família do reclamante.

Eu também não estava interessado em Cérebros Laranja porque o acusado claramente era do tipo que assumia riscos, e senti que os jurados poderiam se identificar com o acusado.

De fato, pedi a cada jurado que descrevesse a si mesmo nos seguintes termos: Como se sente em relação a se envolver em atividades que apresentam riscos? O senhor faz planos para o futuro? O senhor considera a vida uma aventura? O que faz para se divertir e relaxar? Se eu lhe perguntasse de que modo resolveria um problema, o senhor responderia com o que pensa ou com como se sente?

Um dos jurados era um psicólogo que me perguntou se eu estava utilizando um guia para traçar perfil de personalidade. Eu lhe dei uma resposta afirmativa.

Como estava utilizando meu conhecimento sobre as Cores do Cérebro, eu sabia que havia escolhido um júri 'sensível', que estaria favoravelmente inclinado ao meu caso. Meu adversário sabia disso, pois isso contribuiria para um bom acordo a favor do meu cliente."

Pode ser que no seu trabalho não seja preciso escolher um júri "sensível", no entanto, você pode utilizar seus conhecimentos sobre *A Cor do seu Cérebro* para se conectar às pessoas e estabelecer uma relação de entendimento.

No capítulo 3, você aprendeu sobre a importância da interpretação fisiológica, histórica e cultural das cores e que você pode responder intencional ou inconscientemente às cores em razão da sua Cor do Cérebro. Adultos, e também crianças, fazem conexões com pessoas que as reconfortam, as encorajam e que sejam expressivas e notáveis.

Dicas de Conexão

As sugestões de comportamento descritas a seguir ajudarão você a estabelecer uma relação adequada de entendimento e a se conectar com cada uma das Cores do Cérebro.

Cérebros Amarelos

- empregue um tom diplomático;
- utilize uma abordagem formal;
- faça-os se sentir seguros;
- entenda seu senso de comprometimento;
- aceite seu lema: "siga as regras".

Cérebros Azuis

- empregue um tom de cooperação;
- utilize uma abordagem amistosa;

- faça-os se sentir estimados;
- entenda sua sensibilidade;
- aceite seu lema: "nós podemos nos ajudar".

Cérebros Verdes

- empregue um tom informativo;
- utilize uma abordagem acadêmica;
- valorize sua inteligência;
- entenda seu senso de concisão;
- aceite seu lema: "pense cuidadosamente sobre o assunto".

Cérebros Laranja

- empregue um tom de incentivo;
- utilize uma abordagem descontraída;
- aceite sua informalidade;
- entenda seu estilo "não tradicional";
- aceite seu lema: "vamos nessa".

Um Jogo para Viagens

Eu acho muito divertido observar e tentar adivinhar as Cores do Cérebro das pessoas enquanto espero na fila, na área de embarque ou na praça de alimentação. Hoje em dia, viajar se tornou mais complicado e estressante. No entanto, você pode transformar isso em uma experiência "colorida" e divertida.

Você se recorda daquelas brincadeiras que fazemos quando viajamos de carro? Pois você pode também brincar com o Jogo da Conexão das Cores do Cérebro. Imagine que você está no aeroporto e seu embarque foi atrasado por várias horas. Para passar o tempo, você resolve observar seus companheiros de voo e se conectar a eles.

Regras do Jogo da Conexão das Cores do Cérebro

- Mantenha a mente aberta (*em outras circunstâncias, você talvez não quisesse fazer contato*);
- Preencha os espaços em branco com as Cores do Cérebro apropriadas;
- Escreva apenas uma vez cada uma das Cores do Cérebro em cada seção da Conexão;

- Lembre-se de que é apenas um jogo!
- Confira as respostas no final deste capítulo;
- Divirta-se!

O Leitor Concentrado

Não dá para deixar de perceber o homem grudado no seu notebook. Definitivamente, ele não é o vencedor do concurso de modelos para a capa de uma revista. Copo de café, biscoitos e um jornal de negócios estão jogados desordenadamente embaixo da poltrona. Sua enorme pasta, muito curtida e estufada por causa da enorme quantidade de manuais para diferentes computadores, está jogada no banco entre vocês dois. Se você se engasgar com seu lanche, ele provavelmente nem notará. Entretanto, se na sua agonia você se atirar por cima daquela montanha de papel, então você atrairá sua atenção. Ele então vai tentar desafogá-lo com uma manobra de emergência (manobra de Heimlich) e voltar a seus afazeres sem se alterar.

A Conexão com Sua Cor do Cérebro

O leitor concentrado é um Cérebro ______.

Existe conexão com ele porque você é:

1. Cérebro ______ e se diverte porque a confusão embaixo da poltrona lembra a mesa do seu escritório.
2. Cérebro ______ e tem um material de leitura parecido na sua pasta.
3. Cérebro ______ e ele faz com que você se lembre do seu tio favorito.
4. Cérebro ______ e deve lhe comunicar que o embarque está sendo iniciado e que mudaram o número do portão de embarque.

A Rainha da Intimidade

Você espera o embarque para o seu voo. A mulher sentada ao seu lado veste uma blusa com motivos de Halloween, com desenhos de gatos pretos e uma abóbora que combina com os brincos. No pulso, ela tem um bracelete com a foto dos filhos jogando futebol. Ela lhe pergunta se está viajando a passeio ou a negócios. Você lhe diz que está voltando para casa, ao que ela responde fazendo um relatório completo dos membros da família. Em poucos minutos você já conhece cada um deles por nome, inclusive os detalhes sobre os bichos de estimação. Então ela se desculpa dizendo: "Sou uma perfeita tagarela e não lhe dei a oportunidade de falar sobre você".

A Conexão com Sua Cor do Cérebro

A rainha da intimidade é um Cérebro ______. Existe conexão com ela porque você é:

1. Cérebro ______ e comentarista esportivo que está fazendo uma pesquisa para um artigo sobre mães de jogadores de futebol.
2. Cérebro ______ e sente como se tivesse reencontrado um amigo de longa data.
3. Cérebro ______, interessado em compartilhar seu histórico familiar e sugere trocar e-mails e telefones para contatos futuros.
4. Cérebro ______ e se diverte com mais uma edição de *Esta é a Sua Vida!*

O Motoqueiro com Botas de Caubói

Você se dirige a um assento vago e quase tropeça em um par de botas de caubói, feitas de couro de crocodilo e com o bico de prata. Um senhor de modos excêntricos pede desculpas, levanta-se e o convida para se sentar ao lado dele. Ele está usando uma jaqueta de camurça com franjas e um chapéu de caubói enfeitado com pele de cobra, dentes de lagarto e penas de aves. Antes que você possa falar qualquer coisa, ele diz: "Eu estou viajando a negócios, mas sempre estou me divertindo!" Ele então o mantém entretido com suas histórias do tempo que trabalhava como advogado, como corretor de imóveis, como piloto particular e como corredor de Harley Davidson.

A Conexão com Sua Cor do Cérebro

O motoqueiro com botas de caubói é um Cérebro ______. Existe conexão com ele porque você é:

1. Cérebro ______ e aceita seu vistoso cartão de visitas porque ele pode vir a ser um importante contato de negócios.
2. Cérebro ______, que também pilota uma Harley e quer comprar um carro esportivo dos anos de 1970.
3. Cérebro ______, que sabe que ele é um homem de iniciativa, e pode ser útil após 25 anos atuando na América corporativa.
4. Cérebro ______, que se inspira e se diverte com suas histórias.

A Martha Stewart do Meio-oeste

Você está sentado ao lado de uma senhora que poderia servir de modelo para a coleção de roupas do estilista Ralph Lauren. Ela está impecavelmente vestida; seu escarpim é de verniz, tem muito brilho e ela está lendo um best-seller de autoajuda. Você resolve perguntar o motivo da viagem e ela responde: "Acabei de passar três semanas ajudando minha filha mais nova e sua família a fazer a mudança. Agora estou voltando para casa".

A Conexão com Sua Cor do Cérebro

A Martha Stewart do meio-oeste é um Cérebro ______. Existe conexão com ela porque você é:

1. Cérebro ______ e a achou maravilhosa. Você lhe diz que sua família tem sorte de poder contar com mãe e avó tão talentosa.
2. Cérebro ______ e está intrigado com sua riqueza de conhecimento, que mais parece um manual bem preparado sobre como proceder com a mudança da casa.
3. Cérebro ______ e sabe que precisa aprender mais sobre técnicas de como lidar e disciplinar crianças e adolescentes, do mesmo jeito que ela já faz.
4. Cérebro ______ e está a ponto de iniciar um curso avançado sobre "dicas de como cuidar da casa para a mulher que trabalha fora".

Agora você pode se divertir com o Jogo da Conexão das Cores do Cérebro onde quer que esteja: em uma festa, no metrô, em um encontro de trabalho ou enquanto viaja. Você vai achar suas observações e conexões com os outros muito divertidas e nem um pouco irritantes.

Resposta do Jogo:

- O leitor concentrado é um Cérebro Verde. Você se conecta com ele porque você é:
  1. Laranja
  2. Verde
  3. Azul
  4. Amarelo
- A rainha da intimidade é um Cérebro Azul. Você se conecta com ela porque você é:
  1. Verde
  2. Azul
  3. Amarelo
  4. Laranja
- O motoqueiro com botas de caubói é um Cérebro Laranja. Você se conecta com ele porque você é:
  1. Verde
  2. Laranja
  3. Amarelo
  4. Azul
- A Martha Stewart do meio-oeste é um Cérebro Amarelo. Você se conecta com ela porque você é:
  1. Azul
  2. Verde
  3. Laranja
  4. Amarelo

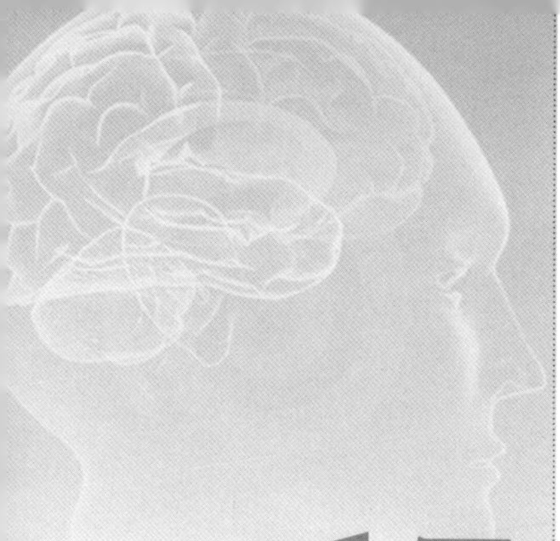

CAPÍTULO 13

Solucionando Conflitos sem Dificuldade

Quando temos problemas com amigos e parentes, colocamos a culpa na outra pessoa.

Culpar o outro não traz nenhum benefício... apenas a compreensão. Se você compreende, e demonstra que compreende... a situação mudará.

– Thich Nhat Hanh, mestre Zen

Gelado, o Boneco de Neve

Certa noite, cheguei em casa tarde, depois de um jantar de negócios. Assim que entrei, senti como se estivesse abrindo a porta da câmara frigorífica do açougue. À medida que caminhava para a sala de TV, imaginei que Gelado, o boneco de neve, estava assistindo a um jogo deitado no sofá. Eu sabia que era melhor deixar meu marido quieto. Quando eu já estava saindo, quase tropecei na borda do tapete. Foi quando o ouvi dizer: "Onde é que você estava?"

"Eu liguei para você no escritório e falei que teria um jantar", respondi.

Apertei, então, meus lábios com os dedos para não começar a rir, quando meu marido acionou o controle remoto para desligar a televisão. Ele disse: "São quase 22h, eu estava começando a ficar preocupado".

"Obrigada pela preocupação, querido", eu disse, e fui me aconchegando a ele. "Entretanto, isso não tem muito a ver comigo, tem a ver com o seu Cérebro Verde. Você não sabia onde eu estava e não podia ligar para ninguém para falar da sua preocupação. Isso porque você não se lembrava do que eu disse pela manhã. Você estava concentrado em outras coisas. Quer dizer, você se sentiu como um bobo e os Verdes não suportam se sentir assim."

Eu podia sentir meu "Gelado" se derreter. "Nós podemos discutir sobre isso ou simplesmente sermos Azuis", eu disse.

Fomos capazes de neutralizar um contratempo e resolver um conflito sem culpados e sem brigas. Nós transformamos a situação e evitamos um conflito com compreensão e bom humor, porque conhecíamos as Cores do Cérebro um do outro.

As orientações a seguir vão ajudá-lo a:

- interpretar sinais quando você ou outras pessoas estiverem vivenciando um dia "sem cor";
- diminuir seus conflitos internos e externos;
- aumentar a compatibilidade dos relacionamentos.

Mal-entendido

Problemas de comunicação criam mal-entendidos. Aprender a se comunicar e a interpretar de acordo com as Cores do Cérebro reduz conflitos e aumenta a harmonia na sua vida.

Planejar uma cerimônia de casamento é, sabidamente, uma das experiências mais estressantes e mais gostosas da vida de uma pessoa. O tamanho do orçamento, a escolha do lugar e a família, muitas vezes, criam conflitos. As citações a seguir são de casais de noivos e apresentam possíveis obstáculos no percurso a caminho da celebração do seu matrimônio.

- Uma noiva Cérebro Amarelo diz: "Mas eu sonhei com um casamento desse tipo minha vida inteira".
- Um noivo Cérebro Azul diz: "Por que não podemos convidar todos os meus amigos, inclusive meu treinador de luta livre?"
- Uma noiva Cérebro Verde diz: "Eu quero que seja uma cerimônia pequena, apenas a família e os amigos mais próximos".
- Um noivo Cérebro laranja diz: "Seria fantástico um casamento em um lugar exótico, como uma praia no Havaí!"

Casais de noivos lidando com suas opiniões e emoções pessoais, além das de familiares, planejadores de casamento e vendedores podem ser beneficiados por estes versos, na resolução de um conflito:

Verdes não desejam nunca estar errados.
Amarelos precisam estar sempre certos.
Azuis ficam falando, falando, falando, enquanto
os Laranja querem apenas passear.

A História Pregressa

Como em um livro ou filme, se você conhece a história pregressa de uma pessoa, pode diminuir a quantidade de mal-entendidos e de problemas de comunicação. A história de cada um contém todos os aspectos relevantes e as circunstâncias que influenciaram seu ponto de vista e comportamento. Pare, pense e aprecie o fato de que os outros podem não saber como, ou não querer, fazer as coisas do modo como você faria.

Os mal-entendidos e os conflitos tornam difícil a apreciação das diferenças individuais. Resultado: eles se tornam "Sombrios" e apresentam o lado negativo inconsciente ou escuro de sua personalidade.

Para explicar esse conceito às crianças, eu digo a elas que uma pessoa "Sombria" é um "Euvilão". Quando você se transforma em Euvilão, o foco é o "Eu". Você pode se sentir tentado a fazer coisas ruins e a se comportar como um vilão para os outros e para com você mesmo. O Euvilão oferece às crianças um jeito divertido de explicar o comportamento sombrio. Eu digo que, se elas se comportam como o Euvilão, sua atitude em relação a si mesmas e aos outros se altera. E assim podemos nos tornar menos propensos a compreender as diferenças entre as pessoas. No lugar onde antes havia aceitação e respeito pelos outros é construído um muro de desconfiança e desavença.

Durante a visita a uma escola, alguns alunos me relataram suas experiências com o Euvilão.

- "De manhã, quando minha mãe está apressada para sair para o trabalho, ela pode se comportar como um Euvilão Amarelo."
- "Quando o namorado da minha irmã não telefona, ela fica doida e se torna um Euvilão Azul."
- "Eu digo para o meu irmão que ele é um Euvilão Verde quando ele não quer jogar videogame comigo."
- "Quando meu amigo perde no futebol, ele se transforma totalmente em um Euvilão Laranja."

Você Pode Pedir Colorido

Para evitar que você se transforme em um Euvilão e, assim, poder solucionar facilmente os conflitos, utilize as Cores do Cérebro. Peça ao outro que se comporte mais como outra Cor de Cérebro.

- Para que uma tarefa seja cumprida a tempo, peça ao Cérebro Laranja para ser mais Amarelo.
- Para ter mais afeto e compaixão por parte de um Cérebro Verde, peça-lhe que seja mais Azul.
- Para ter um tempo sozinho para pensar sobre um problema, peça ao Cérebro Azul para ser mais Verde.
- Para fechar uma venda, peça ao Cérebro Amarelo que seja mais Laranja.

Esses exemplos demonstram como eliminar o criticismo e o conflito e como criar conciliação por intermédio da linguagem das Cores do Cérebro.

Conflitos Internos e Externos

A diferença de perspectiva entre as Cores do Cérebro cria incompatibilidade e conflitos internos e externos.

- A sala de aula ideal para um Cérebro Amarelo exige extrema disciplina. Isso cria atrito com os alunos de Cérebro Laranja, que têm total aversão a regras.
- Um Cérebro Azul quer discutir os problemas da equipe. Isso cria tensão adicional com seu gerente Cérebro Verde, que acha que ele deveria resolver os problemas sozinho.
- Um Cérebro Verde permanece calmo durante uma crise familiar, entretanto suas emoções Azuis mexem com seu coração e detonam um conflito com outros membros da família.
- O desejo de um Cérebro Laranja de possuir um pequeno negócio o deixa motivado. Entretanto, seu senso Amarelo de responsabilidade em relação aos empregados e à contabilidade o deixa frustrado.

Tinta Fresca

Quando a sua Cor do Cérebro se intensifica, a conciliação pode ser problemática. Amarelo é a cor mais intensa do espectro de cores e a personalidade mais intensa para se lidar. Entretanto, eu acredito que o conselho da mãe de uma amiga, que possui um Cérebro Amarelo, é bastante sábio: "Quando estiver no meio de um conflito, diga a si mesmo e aos outros: 'eu sou como tinta fresca, preciso de tempo para secar'!"

SOLUCIONANDO CONFLITOS SEM DIFICULDADE

Característica de conflito	Característica de conciliação
Amarelo	**Amarelo**
É crítico e sistemático	Toma conta dos outros
Torna-se controlador	Finaliza as tarefas
Reclama e sente autopiedade	É rápido
Aparenta inflexibilidade	Tem compromisso com o trabalho/casa
Preocupa-se com o futuro	Conhece as expectativas
Azul	**Azul**
Chora e fica histérico	Dá e recebe abraços
Fica deprimido com remorso	Aprecia e respeita a natureza
Diz "estou bem", mas não está	Tem compaixão e é honesto
Não encara a realidade	Compartilha abertamente seus sentimentos
Age de forma irracional	Confia na intuição
Verde	**Verde**
Trata as pessoas com indiferença	Utiliza seu conhecimento
É crítico e sarcástico	Satisfaz a curiosidade
É indiferente e insensível	É competente e preciso
Não é cooperativo	Segue um sistema ou um método
Demonstra seu descontentamento	Promove a justiça e a verdade
Laranja	**Laranja**
É imaturo e beligerante	Demonstra muitas habilidades
É desobediente e não respeita as regras	Compete com outros
É rude e fisicamente agressivo	É corajoso e assume riscos
Desiste física e emocionalmente	Aprecia os desafios da vida
Apresenta comportamento compulsivo	Expressa-se com liberdade

CAPÍTULO 14

Você Pode Mudar sua Cor do Cérebro

Esta é uma questão frequente: "Nós permanecemos sempre com as mesmas Cores do Cérebro ou podemos mudá-las?" "Sim, você pode alterar suas Cores do Cérebro", é minha resposta. Você pode mudar intencionalmente suas Cores do Cérebro ou ser levado a mudar pelas circunstâncias sobre as quais não tem controle.

Um Cérebro Verde trabalhou no mundo corporativo por 25 anos. A fusão da empresa o forçou a escolher uma nova carreira. "Essa é uma oportunidade de negócios da qual vou tirar vantagem", disse ele à sua esposa. "Eu já tenho uma situação estável e não preciso me preocupar com um ganho fixo; nossos filhos estão crescidos e você optou por se aposentar cedo. Eu posso iniciar e tocar um negócio melhor que as pessoas para quem eu trabalhava."

O Cérebro Verde aproveitou sua nova liberdade de Cérebro Laranja. Ele administra o negócio a seu modo, sem as ordens de um Amarelo e as reuniões com um gerente Azul. Entretanto, depois de três anos, seu negócio adquiriu vida própria. Foram necessários a contratação de novos funcionários e o estabelecimento de uma estrutura empresarial organizada. A solução foi contratar um administrador-assistente para lidar com as questões Amarelas e Azuis do seu bem-sucedido empreendimento.

O Cérebro e as Mudanças

Cada uma das Cores do Cérebro lida com as mudanças a seu próprio modo.

- O Cérebro Amarelo tem necessidade de *planejar* a mudança. Para estar à vontade, precisa sentir que está no controle das mudanças.
- O Cérebro Azul tem de *se sentir bem* a respeito da mudança. Para estar à vontade, tem de confiar na sua intuição sobre a mudança.
- O Cérebro Verde tem de *refletir* sobre a mudança. Para estar à vontade, precisa reunir todos os fatos e analisá-los antes de considerar uma mudança.
- O Cérebro Laranja *é* o "agente da mudança". Para estar à vontade, ele precisa, constantemente, implementar mudanças. Ele não suporta o tédio.

Mudanças na Família

Alterações no modelo de família do século 21 criaram novas oportunidades e desafios. Utilizando as Cores do Cérebro, você poderá lidar melhor com as mudanças que surgem enquanto cria seus filhos ou toma conta dos seus pais.

Sendo um Cérebro Azul/Laranja, eu me apaixonei pelas características do meu marido Laranja/Verde. Entretanto, após o nascimento dos nossos filhos, ele se transformou em um pai Laranja Néon muito divertido. Para trazer organização à estrutura familiar, eu me transformei em uma mãe Amarelo/Azul "que segue as regras".

No início do nosso casamento, as ideias Laranja e o comportamento independente do meu marido frequentemente irritavam minha mãe Amarelo Néon e sua opinião sobre o que é ou não apropriado. Entretanto, eventualmente, ela dá uma volta na sua motocicleta e ele vai até o clube de campo que ela frequenta.

Com o passar dos anos, minha mãe e meu marido aprenderam a confiar, compreender, valorizar e amar um ao outro. Isso ficou evidente e se mostrou importante quando minha mãe foi para uma casa de repouso antes da sua morte. Foi uma dádiva assistir à nova transformação pela qual passaram minha mãe e meu marido. Ele mudou sua cor para Azul e ela, para Verde.

Sua compaixão por ela era incomparável, e ela percebeu que fazia sentido permitir que nós cuidássemos dela e executássemos sua vontade. Essas mudanças nas Cores do Cérebro representaram para nós e para nossa família dádivas de amor, alegria e conforto durante essa fase na vida da minha mãe e a celebração da sua existência.

Mudanças na Vida

As experiências de vida e a maturidade nos oferecem a oportunidade e as condições para mudar as Cores do Cérebro.

- Cérebros Amarelos se tornam mais Laranja. Eles já não são mais tão responsáveis pela sua família, carreira e comunidade como foram quando eram jovens. Com os filhos crescidos, eles percebem que é sua vez de apreciar novas aventuras. Eles possuem os meios e o tempo necessário para fazer "loucuras" e assumir riscos.
- Cérebros Verdes se tornam mais Azuis. Eles não precisam estar mais tão concentrados na solução de questões empresariais ou problemas familiares. Eles acumularam, durante toda uma vida, conhecimento e experiência, mas não precisam mais transmitir aos outros. Eles têm então a oportunidade de demonstrar o lado sensível Azul da sua personalidade.
- Cérebros Azuis se tornam mais Verdes. Eles não têm mais de cuidar de outros. Eles podem cuidar e se concentrar em si mesmos. Eles cuidam de si retornando aos estudos, assumindo uma nova carreira ou dedicando-se a um *hobby* que antes lhes custaria muito tempo ou dinheiro.
- Cérebros Laranja se tornam mais Amarelos. Eles realmente cansam de se arriscar tanto e desejam mais segurança. Eles se sentem à vontade não sendo mais os "doidões" para sua família e círculo de amigos. Apesar de ainda optarem por marchar fora do compasso, eles desaceleram o tempo da passada.

Mudanças Ambientais

O meio ambiente pode influenciá-lo a mudar suas Cores do Cérebro. Uma grande empresa fornecedora de material de escritório me contratou para conduzir um workshop. Assim que cheguei, meu Cérebro Amarelo começou a se transformar em Azul. Uma decoração cheia de cores, com ilustrações sobre a história da empresa, me dava as boas-vindas enquanto eu caminhava até o auditório, que ficava no meio de um jardim. O auditório estava repleto de funcionários com rostos sorridentes. A paleta de cores ia do verde azulado ao groselha, acentuada por uma iluminação suave. Cadeiras estofadas contornavam as mesas, o que permitia que os participantes fizessem contato visual entre eles durante o workshop. Era um ambiente confortável e aconchegante, que aumentava a atenção dos participantes e sua capacidade de aprender novas habilidades.

Cérebros Amarelos podem mudar quando:

- a situação é Amarela, bem organizada;
- a situação é Azul, incentiva uma atmosfera familiar tradicional;
- a situação é Verde, adota uma rotina sistemática;
- a situação é Laranja, planejada como um jogo.

Cérebros Azuis podem mudar quando:

- existe um ambiente Azul, amigável;
- existe um ambiente Amarelo, onde está disponível um serviço de monitoramento para seus filhos;
- existe um ambiente Verde, que valoriza sua autenticidade;
- existe um ambiente Laranja, que reconhece sua contribuição social ao grupo.

Cérebros Verdes podem mudar quando:

- o cenário é Verde, eficiente;
- o cenário é Amarelo, valoriza qualidade consistente;
- o cenário é Azul, com pessoas inteligentes;
- o cenário é Laranja, "virtual" e dispensa os encontros.

Cérebros Laranja podem mudar quando:

- existe um clima Laranja, estimulante e alto-astral;
- existe um clima Amarelo, que proporciona oportunidade para atividades físicas;
- existe um clima Verde, que valoriza respostas diretas;
- existe um clima Azul, que incentiva a imaginação.

O Desafio

Sempre que uma experiência de vida ou uma mudança nas Cores do Cérebro me desafiavam, eu buscava coragem em uma das minhas afirmações favoritas:

Foi um grande desafio e me fez crescer. Na verdade, eu deveria medir agora três metros de altura.

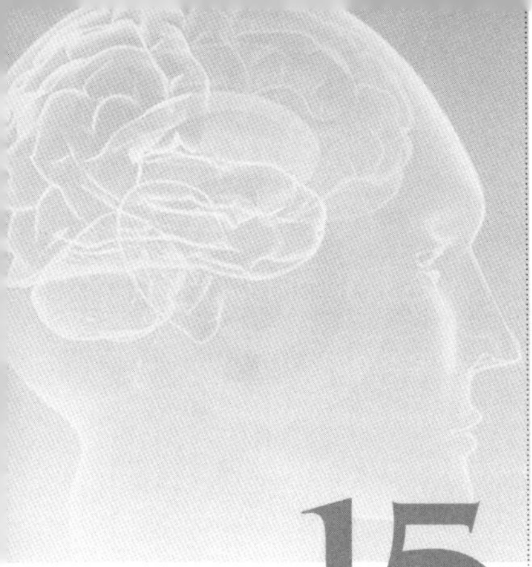

CAPÍTULO 15

Tomada Eficiente de Decisões

Não é difícil tomar decisões quando você conhece os seus valores.

– Roy Disney

Conhecer as Cores do Cérebro facilita o reconhecimento de seus valores e a tomada de decisões. Diariamente, nos confrontamos com questões e tomadas de decisão estressantes que podem afetar nossa saúde. Minha família sabe muito bem como o estresse pode afetar a pessoa e seus familiares que convivem com os desafios diários de uma doença crônica. Meu pai sofria de diabetes Tipo II, e meu filho, Joshua, foi diagnosticado com diabetes Tipo I em 1985, aos 15 anos de idade.

O estresse tem um efeito terrível sobre os níveis de açúcar no sangue e o controle do diabetes. As cenas descritas a seguir mostram como as relações podem criar estresse, especialmente quando as pessoas não têm consciência das Cores do Cérebro umas das outras e daquilo que valorizam.

Estresse Azul e Verde

Uma esposa acredita ser cuidadosa ao perguntar ao marido como andam os níveis de açúcar dele. Ele responde: "Não precisa você também controlar meu diabetes; você deveria saber que não sou um estúpido. Posso cuidar de mim mesmo!"

"Você não reconhece o que eu faço", ela reclama. "Dá muito trabalho ir às compras, preparar e cozinhar uma comida que seja adequada para você, e você nem mesmo percebe isso!"

O marido ignora a mulher e se fecha na oficina da garagem para mexer na sua motocicleta.

Se a mulher soubesse que seu marido é um Cérebro Verde, ela compreenderia sua necessidade de privacidade e sua sensação de capacidade para controlar o próprio diabetes. Se o marido soubesse que a mulher é um Cérebro Azul, ele teria reconhecido que ela perguntou pelo diabetes porque deseja ser prestativa e demonstrar seu amor e preocupação com seu bem-estar. O conhecimento das Cores do Cérebro teria reforçado o apreço que um tem pelos valores e atitudes do outro, e lhes mostraria como cada um poderia contribuir para o controle do diabetes do marido.

Estresse Amarelo e Laranja

Um pai acredita que está agindo corretamente quando diz à sua filha adolescente: "Eu sei o que é melhor para você; você tem de tomar nota de tudo o que come, os exercícios que faz e os níveis de glicose".

A filha responde: "Estou muito brava com *você*, com as *suas* regras e com a *sua* intromissão na *minha* vida". Ela então sai pisando duro em direção a seu quarto, bate a porta e liga para a melhor amiga para reclamar do pai, "que me trata como se eu fosse um bebê!"

Se o pai soubesse que a filha é um Cérebro Laranja, ele saberia que adolescentes Laranja são extremamente impulsivos e que detestam sermão dos pais. Se a filha soubesse que o pai é um Cérebro Amarelo, reconheceria que ele tem a necessidade de ser um pai responsável e orientá-la sobre um plano para o controle do diabetes. O conhecimento das Cores do Cérebro os ajudaria a serem receptivos aos valores e atitudes um do outro.

A tabela na página seguinte vai auxiliá-lo na reflexão sobre seu processo de tomada de decisões, tanto em momentos tranquilos quanto estressantes da sua vida.

"Nós Vamos Morrer!"

A tomada eficiente de decisões foi fundamental para salvar vidas, tanto no solo quanto no ar, quando meu marido, Jordan, e eu gerenciávamos um pequeno aeroporto no interior e operávamos uma linha aérea regional nas montanhas de Serra Nevada. Certo dia, Jordan, que profissionalmente é um Cérebro Verde/Laranja, pilotava nosso avião regional para Los Angeles. Quando ele retraiu o trem de pouso, uma das passageiras notou que vazava óleo do motor direito e começou a gritar: "Nós vamos morrer, nós vamos morrer!"

TOMADA EFICIENTE DE DECISÕES CONFORME AS CORES DO CÉREBRO	
CÉREBROS AMARELOS	CÉREBROS AZUIS
Crie um plano detalhado Reflita sobre todas as ideias Execute-as pontualmente Não adie "Siga as regras" Considere os custos	Use o coração e não a cabeça Converse com os outros sobre suas ideias Pesquise com os outros "Eu sigo minha intuição" Pense em como isso afeta os outros Dinheiro não é problema
CÉREBROS VERDES	CÉREBROS LARANJA
Pesquise e analise os dados Calcule os riscos Aplique fórmulas Crie sistemas Projete resultados Avalie as ramificações financeiras	Concentre-se no momento Improvise Considere os competidores Ignore o medo Não pense nas consequências "Se tem o dinheiro, use-o"

"Senhora, se não parar de gritar, nós *vamos* morrer!", advertiu Jordan, enquanto seu Cérebro Amarelo verificava a lista com os procedimentos de emergência. Ele calou a passageira enquanto manobrava o avião de volta ao aeroporto e aterrissava o avião em segurança. Seu treinamento de voo de Cérebro Amarelo e a calma do seu Cérebro Laranja durante um momento de crise fizeram com que os passageiros percebessem que ele estava no controle e que *não* iriam morrer.

Minha Querida Golda[1]

Sei por experiência pessoal que as Cores do Cérebro são úteis quando se deve tomar uma decisão sobre as pessoas e os bichos que você ama.

Ao longo dos anos, nossa família possuiu e amou diversos gatos e cachorros. Entretanto, minha companheira mais querida era uma golden-newfoundland-labrador, chamada Golda. Quando percebi que Golda estava com uma tosse

1 O nome da cadela é Golda My Dear, provavelmente uma homenagem à líder israelense Golda Meir, já que por algumas passagens é possível identificar a ascendência judaica da autora (N. da T.).

estranha, marquei uma consulta com o veterinário. Depois de muitos raios x e exames de laboratório, dr. Hinkle me disse: "Golda tem câncer de pulmão".

Quando ouvi o diagnóstico foi como se meu coração passasse por uma máquina picadora de papel. Então, o dr. Hinkle, que é um Cérebro Verde/Azul, e familiarizado com o conceito das Cores do Cérebro, disse: "Senhora das Cores, sei que isso é incrivelmente difícil para você, a senhora é tão Azul. Vá para casa e seja Verde. Pense sobre o que deseja fazer a respeito de Golda".

Suas palavras de conforto me ajudaram a fazer o percurso de volta para casa. Eu sabia que precisava me manter calma. Eu não podia ficar histérica e causar um acidente que pudesse colocar todos que estavam no carro em perigo. Quando chegamos em casa eu já tinha trocado meu Azul pelo Verde. Iniciei minha pesquisa, incentivei minha engenhosidade e criei um plano de cuidados para Golda.

Após manter Golda o mais confortável possível, depois de duas semanas percebi que precisava ter o encontro decisivo com o dr. Hinkle. Era uma decisão excruciante. Entretanto, saber que eu tinha feito o melhor que podia acalmou meu coração e minha mente.

Essas experiências desafiadoras reforçam uma lição inestimável: qualquer que seja sua Cor do Cérebro, você pode intencionalmente trocá-la por outra para solucionar até o mais difícil dos problemas.

Estimule Seu Cérebro

Se você se sente estimulado a trocar a sua Cor do Cérebro, pode alterar com sucesso o seu comportamento, tomar decisões eficazes, resolver conflitos e reduzir o estresse na sua vida. Para isso, precisa conhecer os estimulantes adequados a cada uma das Cores do Cérebro.

Estimulantes de Cérebros Amarelos

- Fazer o que é certo
- Completar a lista de tarefas
- Prazos
- Respeito
- Reconhecimento simbólico

Estimulantes de Cérebros Azuis

- Outras pessoas valorizando suas ideias
- Oportunidades de compartilhar suas emoções
- Não ser tomada como certa
- Um tapinha nas costas
- Oportunidades criativas

Estimulantes de Cérebros Verdes

- Oportunidades para solucionar problemas
- Criar um sistema ou procedimento
- Retorno ao final de um projeto
- Recursos de última geração
- Reconhecimento pelas realizações

Estimulantes de Cérebros Laranja

- O estímulo de um novo desafio
- Recompensa financeira
- Resultados rápidos
- Competição
- A excitação da mudança

Do Caos Surge a Claridade

O caos é um poderoso estimulante e influencia nossos processos de tomada de decisões, se nos dispusermos a enfrentar o incômodo e formos pacientes. Há muitos anos, um amigo de Cérebro Verde me deu o seguinte conselho: "Sente-se com o caos como um tijolo no seu colo". Sua sabedoria me ensinou uma lição valiosa, da qual ainda me lembro e que compartilho com outros: *do caos surge a claridade*.

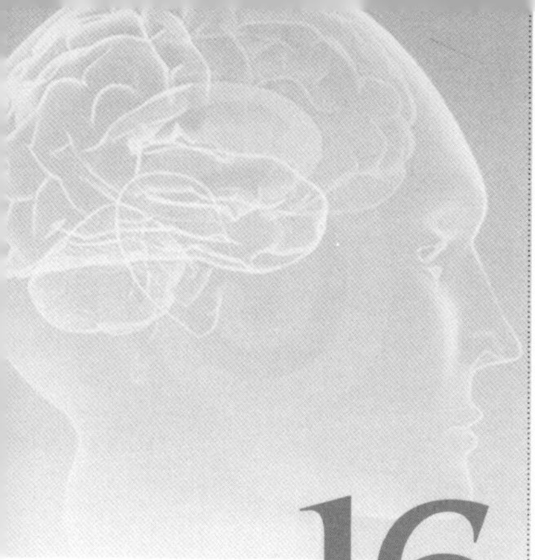

CAPÍTULO 16

Celebre as Festas sem Confusão

Quando nossos parentes nos visitam, devemos pensar em todas as suas qualidades; caso contrário, seria impossível suportá-los.

– George Bernard Shaw

Celebrações em Família

Quando seus parentes chegam para uma celebração ou ocasião especial, você pensa que eles se parecem com uma família de um panfleto de férias da Disney World ou com os "procurados" da lista da polícia local?

Você pode aproveitar a companhia dos seus parentes durante as celebrações com menos estresse, presentes adequados e mais tempo para a alegria, se compreender as Cores do Cérebro de cada um dos envolvidos, inclusive as suas.

A tabela a seguir é um presente para você e para sua família. No canto esquerdo, existe uma lista de atividades, tradições e emoções associadas aos feriados. Você observará também como cada uma das Cores do Cérebro interpreta essas atividades, tradições e emoções. Você vai:

- entender que o tio Alberto, um Cérebro Verde, não é tão ranzinza quanto você pensava;
- apreciar a habilidade que a prima Marilyn, um Cérebro Amarelo, teve para comprar o presente perfeito para *cada* membro da família;
- achar fácil comprar o presente da tia Sílvia, um Cérebro Azul, que adora colecionar fotos da família;
- compreender por que seu amigo JB, de Cérebro Laranja, ficou entusiasmado com o livro sobre expedições para escalar o Himalaia.

As dicas a seguir vão ajudá-lo a trazer de volta o espírito de festa às celebrações.

CELEBRE AS FESTAS SEM CONFUSÃO				
DICAS	AMARELOS	AZUIS	VERDES	LARANJA
Alegrias	As tradições	A família e os amigos	Tempo para si	Diversão
Irritação	Mudanças de última hora	Nenhum pedido de ajuda	Confusão e barulho	Obrigações
Compras	Fazem uma lista	Fazem presentes	Compram on-line	Compram de última hora
Citações	"Ah! As Tradições!"	"Só chamei porque te amo"	"Bah, ai, ai, ai!"	"Vamos nos divertir"
Atividades agradáveis	"Os 10 mais" do ano	Conversar com a família e os amigos	Organizar os brinquedos e os jogos	Jogos e brincadeiras
Decoração da casa	Organizada e a mesma do ano passado	Criativa e artesanal	Um sistema sobre a melhor maneira de proceder	Não se lembra onde guardou os enfeites
Encontros	Pontuais	Relaxantes	Silenciosos	Ruidosos
Presentes	Utilitários: relógio, despertador, bolsa, roupão, suéter, cachecol, bijuteria, álbum de retratos, carteira, calendário	Românticos: porta-retrato, velas, enfeites de jardim, lembrancinhas para os bichos de estimação, ingressos para um show	Técnicos: aparelhos de última geração, computadores, aparelhos eletrônicos, livros	Divertidos: equipamentos esportivos, ferramentas, aparelhos, ingressos para um evento esportivo, passagens para uma viagem
Flores	Flores tradicionais em um vaso que seja reutilizável	Flores coloridas cujos arranjos eles mesmos fazem	Uma planta que não precise de cuidados	Muitas flores e balões
Livros	História, *best-seller*, religião	Biografias, autoajuda, devocionais	Tecnologia, mistério e palavras cruzadas	Esportes, "Faça você mesmo", aventura

Dádivas Adicionais

Se você implementar essas dicas durante as festividades, também receberá como bônus as seguintes dádivas:

- ajude o Cérebro Amarelo a planejar o próximo encontro de família. Você receberá o prêmio de primeiro lugar em "respeito";
- ganhe pontos com o Cérebro Azul, dando-lhe um presente sem nenhum motivo especial;
- proporcione aos Cérebros Verdes um pouco de solidão e eles não ficarão resmungando nas festas;
- deixe feliz o Cérebro Laranja, exclamando diante do presente: "É exatamente o que eu queria!"

Expectativas e Frustrações

A frustração pode acontecer a partir de expectativas que podemos ter em relação às festividades familiares ou às ocasiões especiais.

- Cérebros Amarelos esperam que tudo corra da forma como planejaram e se frustram quando isso não acontece. Uma senhora de Cérebro Amarelo aprendeu a se confortar com este antigo ditado: "O homem põe, e Deus dispõe". Entretanto, não foi reconfortante quando o serviço de bufê que ela havia contratado para uma celebração se atrasou por duas horas. Ela ficou tentada a dispensá-lo, mas perguntou: "Quero estar com a razão ou feliz?"
- Cérebros Azuis não gostam de entrar em confronto e esperam que as pessoas compreendam por que são tão sentimentais em determinadas situações. Era a primeira vez que um casal não tinha nenhum dos filhos em casa para celebrar o Natal. A mãe estava chateada porque seu marido não entendia o porquê de ela não ter entrado no "espírito do Natal". E o marido, por sua vez, havia ficado irritado porque acreditava que a esposa estava exagerando.
- Cérebros Verdes nem dão nem recebem muita informação dos outros. Entretanto, esperam que aqueles que os conhecem bem consigam ler suas mentes. Uma mulher viciada em trabalho estava frustrada porque seu marido e seus filhos não entendiam como ela ficava tão absorvida

pelo trabalho que esquecia de ligar para casa, já que estava atrasada para as festividades do Halloween.

- Cérebros Laranja querem diversão e ficam desapontados quando não conseguem. Um jovem estava entusiasmado à espera da família no seu *resort* de esqui favorito. Na última hora, um primo precisou cancelar. Ele demonstrou sua frustração dizendo ao primo o seguinte: "Eu compreendo, mas descer a montanha ou esquiar de costas não será tão divertido sem você!"

Por Que Você se Comporta Assim?

Você deve pensar que o comportamento das outras Cores do Cérebro é esquisito porque cada pessoa lida com as festas e ocasiões especiais de forma diferente. Entretanto, suas atitudes devem impedir que se sintam sobrecarregados ou desapontados, além de proporcionar alívio e contentamento.

- Uma semana antes de um jantar de comemoração, uma senhora de Cérebro Amarelo já havia planejado a diversão dos convidados, arrumado a mesa com cartões que mostravam o lugar de cada um, organizado a baixela no balcão da cozinha na ordem em que cada peça seria usada e escrito uma lista de tarefas para ela e o marido.
- Um Cérebro Azul me contou que sua maior alegria é ser a anfitriã do jantar de celebração de Ação de Graças para a família inteira. Quando um novo membro da família revelou que "talvez no ano que vem tenhamos nosso próprio jantar de celebração", ela se sentiu devastada e imediatamente expressou seu desapontamento. No entanto, outros membros da família garantiram que passariam o Dia de Ação de Graças na casa dela no ano seguinte.
- Um Cérebro Verde sempre se oferecia para ser o churrasqueiro da vizinhança nas comemorações do 4 de Julho, o Dia da Independência norte-americana. Ele gostava de se ocupar com a carne e, assim, não ter de ficar batendo papo com os vizinhos, especialmente com aqueles que não conhecia ou não gostava.
- Arrumar os presentes para cada membro da família na festa de Hanukka, uma celebração judaica, era um prazer para um Cérebro Laranja. Ele também gostava de controlar o ritual de abertura dos presentes "um de cada vez" e de dirigir os participantes no coro de "oohs" e "aahs" à

medida que cada adulto e cada criança abria seu presente e se tornava o centro das atenções.

A Dádiva da Mudança

Se você faz alguma coisa por consideração a alguém que passou ou está passando por uma situação difícil, essa pessoa vai apreciar sua generosidade e se alegrar com as dádivas que a mudança pode oferecer.

Nossa sobrinha é a anfitriã da festa do Hanukka anual da nossa família. Entretanto, certa vez ela telefonou a todos para perguntar se concordávamos com as alterações que ela pretendia fazer no formato da comemoração. Nós, então, a incentivamos a fazer o que fosse melhor para ela, e ela prometeu retomar a celebração tradicional no ano seguinte.

Nós celebramos com um lanche, com meus biscoitos Hanukka tradicionais e com panquecas feitas na padaria no lugar daquelas que fazíamos em casa. Toda a família concordou que estarmos juntos para uma celebração sem confusões era mais importante que saber quem preparou as panquecas.

Celebrando a Mudança

Durante os feriados, mudanças e estresse podem ser significativos. No capítulo 14, você aprendeu que cada uma das Cores do Cérebro administra a mudança de acordo com sua própria perspectiva.

Sentir saudades de alguém que faleceu pode ser uma mudança estressante durante a temporada de festas ou durante as comemorações em família. John De Berry, conselheiro para luto e consultor de um programa de cuidados paliativos para doentes terminais do Northwestern Memorial Hospital, em Chicago, nos Estados Unidos, costuma dizer: "A mudança é inevitável, o crescimento é opcional. Precisamos reconhecer nossas diferenças e compreender que podemos agir diferentemente de como costumávamos quando estavam todos presentes. A mudança pode levar ao crescimento pessoal se focarmos o lado positivo das pessoas. Para a primeira temporada de festas, você pode misturar aspectos do passado e os do presente".

Criar uma forma de se lembrar da pessoa pode ser reconfortante e aliviar o estresse.

- Um Cérebro Amarelo pode estabelecer a tradição de se lembrar dos que se foram com uma oração especial ou servindo o prato que mais apreciavam durante as festividades.
- Um Cérebro Azul pode gostar de compartilhar histórias do ente querido ou de entoar a canção de Natal favorita dele, especialmente para aqueles que não o conheceram pessoalmente.
- Um Cérebro Verde pode querer estabelecer uma forma de honrar a memória do ente querido, visitando o cemitério ou acendendo uma vela em sua homenagem.
- Um Cérebro Laranja pode apreciar a celebração da vida do ente querido e sua memória soltando balões com mensagens de amor ou relacionadas ao seu esporte favorito.

Seguindo em Frente

Expectativas, mudanças e estresse muitas vezes nos impedem de aproveitar o momento e seguir em frente para celebrar nossas vidas de uma nova maneira. O autor Victor Parachin diz: "Podemos utilizar o passado para nos guiar ou para nos amarrar".

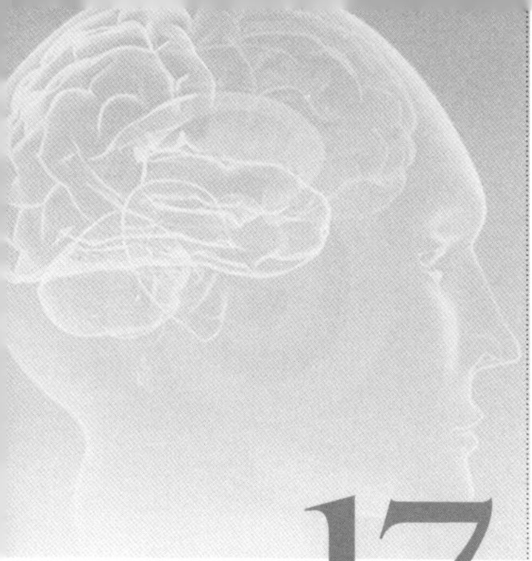

CAPÍTULO 17

Dicas e Frases Úteis

Meu contador de Cérebro Verde/Azul gosta de fazer a seguinte observação: "Eu passei pela vida dizendo e fazendo coisas, sem saber por quê. Eu não sou mais daltônico; as Cores do Cérebro me curaram e também me deram respostas!"

Com as dicas e frases a seguir, você será capaz de reconhecer outras Cores do Cérebro quando as encontrar ou quando interagir com elas em casa, no trabalho ou na comunidade. Eu também incluí uma lista de pessoas famosas e suas carreiras, além da Cor de Cérebro que imagino que elas sejam, de acordo com minhas pesquisas e seguindo os conceitos das Cores do Cérebro.

Frases de Cérebros Amarelos

- "O bebê nasceu na hora errada; isso atrapalhou toda a minha programação durante o pico da estação de vendas."
- "Eu chego meia hora mais cedo ao trabalho para preencher os livros contábeis com os totais e repassá-los para o computador."
- "Não suporto quando as contas não batem; tudo deveria bater."
- "Os Amarelos colocam os pingos nos 'is'."
- "Sou Edunesto! Isso significa que sou educado e honesto." (Prometi ao Eric, de dez anos, que eu sempre lhe daria o crédito quando utilizasse a palavra criada por ele.)
- "Eu organizo, supervisiono, delego, acompanho e dou apoio."

Dicas sobre Cérebros Amarelos

- Enviam dicas de organização a amigos e parentes.
- São preocupados. Você *não precisa* se preocupar; eles se preocupam por você.
- Estão sempre apressados; sua necessidade de se manter dentro da programação e de completar todas as tarefas da sua lista é uma prioridade.
- Acham difícil controlar o desejo de ajeitar quadros na parede, cúpulas de abajur ou arrumar as almofadas no sofá da casa de um amigo.

Cérebros Amarelos Famosos

- Ex-Presidente George Washington
- General Collin Powell
- Margaret Tatcher, ex-primeira-ministra inglesa
- Emily Post, especialista em etiqueta
- Sam Walton, fundador da rede Wal-Mart

Frases de Cérebros Azuis

- "Te amo mais que as palavras podem expressar!"
- "A cada ano, quando chegam novos estagiários, aplicamos o Teste das Cores do Cérebro e explicamos como é utilizado aqui na agência."
- "Quero falar com uma pessoa de verdade! Não quero falar com uma máquina ou consultar um site."
- "Meus amigos são aqueles que conhecem as canções que mais amo e as cantam para mim quando esqueço as letras."
- "É fácil dizer o que passa pela minha cabeça, porque vem direto do coração."

Dicas sobre Cérebros Azuis

- Deixam "bilhetinhos" na lancheira, pasta e armário das pessoas que amam.
- Querem a paz a qualquer preço; e em geral pagam um preço bem alto.

- Podem levar a si mesmos e os outros à loucura (especialmente Cérebros Verdes) quando reiteram suas preocupações e ideias repetidas vezes enquanto tentam solucionar um problema.
- Esperam que as pessoas sejam gentis e ficam desapontados quando não são.

Cérebros Azuis Famosos

- Ex-Presidente Abraham Lincoln
- Madre Teresa
- Martin Luther King Jr.
- Ex-primeira-dama americana Eleanor Roosevelt
- Robert Frost, poeta norte-americano

Frases de Cérebros Verdes

- "Fico feliz por meus filhos serem inteligentes, porque eu não iria suportar se fossem burros."
- "Queria que parassem de me chatear."
- "Esse texto contém 5.114 palavras — o tempo total de leitura é de aproximadamente 15 minutos."
- "Eu preciso saber disso, por quê? E isso me afeta, como?"
- "Sempre que resolvo um problema tenho um bom dia."
- "Não preciso saber o que não me diz respeito; quanto menos souber sobre os outros, melhor."

Dicas sobre Cérebros Verdes

- Não precisam gostar ou ter um relacionamento com alguém para poder trabalhar com ele.
- Querem obter dos outros todos os fatos, mas não fornecem fatos aos outros: "Não queremos que saibam o que sabemos, queremos saber o que sabem".
- São ótimos para lembrar dados: datas, números, anos, locais e fatos. São vencedores de jogos com perguntas e respostas.
- Gostam que as pessoas venham até eles com problemas, mas podem ser presunçosos na resposta.

Cérebros Verdes Famosos

- Ex-Presidente Thomas Jefferson
- Frank Lloyd Wright, arquiteto norte-americano
- Dr. Jonas Salk, biólogo norte-americano, inventor da vacina contra poliomielite feita com vírus morto
- Bill Gates, fundador da Microsoft
- Thomas Edison

Frases de Cérebros Laranja

- "Eu posso fazer praticamente qualquer coisa, portanto você pode ir em frente e ser brilhante!"
- "Não estou sendo agressivo!"
- "Apenas pilote o avião!"
- "Não preciso explicar meu comportamento — eles é que têm de explicar o deles."
- "Trabalho no PS há 23 anos!"

Dicas sobre os Cérebros Laranja

- Veem a vida como um verbo, não como um substantivo.
- Não precisam de detalhes, conte-lhes o essencial.
- Acham que se obedecerem todas as regras perdem toda a diversão.
- Não gostam de ser imobilizados por políticas.

Cérebros Laranja Famosos

- Bill Clinton, ex-presidente norte-americano
- Lee Iacocca, homem de negócios norte-americano
- Golda Meir, primeira-ministra israelense
- Amélia Earhart, pioneira norte-americano da aviação
- John Glenn, astronauta norte-americano

PARTE III: RESUMO DA COMUNICAÇÃO ENTRE AS CORES DO CÉREBRO				
Comunicação da cor	Amarelo	Azul	Verde	Laranja
Estilo de comunicação	Seja educado Permaneça nos trilhos Conte os detalhes	Mostre sinceridade Use casos como exemplos Conecte-se pessoalmente	Sem "papo furado" Seja breve Forneça dados estatísticos	Seja direto Vá logo ao ponto Apresente resultados
Tom de voz	Diplomático	Cooperativo	Informativo	Incentivador
Modo de aproximação	Formal	Amigável	Acadêmico	Informal
Estimula	Compromisso	Sensibilidade	Concisão	Espontaneidade
Lema	"Siga as regras"	"Podemos ajudar uns aos outros"	"Pense, pense bem"	"Vamos nessa"
Escute, eles falam	"Deveria"	"Amor"	"Pense"	"Divertido"
Perguntam sobre sua/seu	Casa e comunidade	Família e bichos de estimação	Nível educacional	*Hobbies*
Ao se despedir, dizem	"Cuide-se"	"Te amo"	Não dizem nada, apenas desligam o telefone	"Divirta-se"
Comportamento de conciliação	Completa tarefas Preocupa-se com os outros Conhece as expectativas	Aprecia a natureza Compartilha seus sentimentos Demonstra compaixão	Satisfaz a curiosidade É preciso Promove a justiça	É habilidoso Aprecia competitividade É corajoso

PARTE III: RESUMO DA COMUNICAÇÃO ENTRE AS CORES DO CÉREBRO				
Comportamento gerador de conflito	Crítico Inflexível Reclamão	Possui remorsos Idealista Irracional	Sarcástico Crítico Não cooperativo	Impulsivo Desobediente Agressivo
Mudança	Planeja uma	Sente-se bem a respeito	Pensa sobre	Implementa
Tomada de decisões	Convencional	Pergunta aos outros	Projeta resultados	Age
Festividades	"Tradição! Tradição!"	"Só chamei porque te amo"	"Bah, ai ai ai"	"Vamos nos divertir"
Frases	"Os Amarelos colocam os pingos nos 'is'." "Atrapalhou toda a minha programação."	"Te amo mais que as palavras podem expressar!" "Quero falar com uma pessoa de verdade!"	"Fico feliz por meus filhos serem inteligentes." "Queria que parassem de me chatear."	"Eu posso fazer praticamente qualquer coisa!" "Não estou sendo agressivo!"
Famosos	George Washington Collin Powell Sam Walton	Abraham Lincoln Madre Teresa Martin Luther King	Thomas Jefferson Bill Gates Thomas Edison	Bill Clinton Lee Iacocca Amélia Earhart

CAPÍTULO 18

Epílogo

De acordo com a perspectiva do meu Cérebro Azul, uma celebração é um começo e não um fim. Sim, este é o final do livro. Entretanto, é o começo das suas aventuras com as Cores do Cérebro e você é o convidado de honra. Parabéns!

Você aprendeu os conceitos básicos das Cores do Cérebro: como compreender e valorizar a si mesmo e aos outros, resolver conflitos rapidamente, construir relações harmoniosas e melhorar sua performance no trabalho. Eu o encorajo a continuar honrando a si mesmo, celebrando seus potenciais e perspectivas Amarelos, Azuis, Verdes e Laranja. Essas são dádivas coloridas que você pode compartilhar com as pessoas e utilizar em cada aspecto da sua vida.

Divirta-se sendo você mesmo! Comemore o Dia do Seu Cérebro como o dia do seu nascimento, que por definição é o dia em que se comemora o começo de algo. Diferentemente do dia do seu aniversário, que só acontece uma vez por ano, você pode celebrar o Dia do Seu Cérebro a cada dia!

Eu me sinto abençoada por possuir inúmeras memórias do Dia do Cérebro e aniversários. Uma das minhas favoritas é a da festa de aniversario de seis anos do nosso filho mais novo, Noah. O último presente que ele abriu era uma camiseta em que se lia: "Dentro desta camiseta tem uma criança incrível!" Os seus olhos brilharam como as velas do seu bolo de Superhomem enquanto ele examinava o presente — esticava a gola, procurava dentro de cada manga e abria a camiseta por baixo. Mas o sorriso rapidamente se transformou em uma careta.

"Noah, por que você ficou triste?", perguntei.

"Mamãe, onde está a criança?", Noah retrucou, mostrando-me a camiseta.

Eu percebi que Noah tinha pensado que, literalmente, havia um novo amiguinho escondido na camiseta. É claro, faz todo o sentido para um Cérebro Laranja/Azul de seis anos. Mas eu sabia que vestir a camiseta acabaria com aquela frustração. Ele a vestiu, fazendo saltar a cabeça e os braços como uma pequena tartaruga. Ele então fez a pose do seu herói favorito, um Míni-Super-homem, bateu no peito com orgulho e exclamou: "Sou eu!"

Quando conto essa história nos meus workshops, sempre escuto um coro de "oohs!" e "aahs!". Eu uso uma réplica da peça de roupa favorita do Noah quando era criança porque ele usou a camiseta "Sou eu!" até que ficasse pequena e rasgada.

Então encerro meu workshop com um convite aos participantes para ofereçam a si mesmos um presente "Sou eu!", e faço a você o mesmo convite.

Dê a si mesmo um presente "Sou eu!" a cada dia. Quando estiver decidindo o que vestir, seja uma criança e... Divirta-se! Transforme-se em um super-herói! Imagine-se vestindo uma camiseta por baixo da roupa que complemente a sua Cor do Cérebro. Comece o dia sabendo que dentro da sua camiseta existe uma criança incrível!

Se você preferir trocar "incrível" por outro adjetivo que o descreva melhor, faça isso. Pode ser que você escolha criativo, inteligente, organizado, animado, responsável, flexível, divertido, competente ou corajoso. Se você se sentir mais confortável, troque "criança" por pessoa, companheiro, pai, professor ou amigo.

Eu o convido a fazer o que funciona melhor para você e suas Cores do Cérebro. Seja feliz celebrando o Dia do Cérebro e a si mesmo.

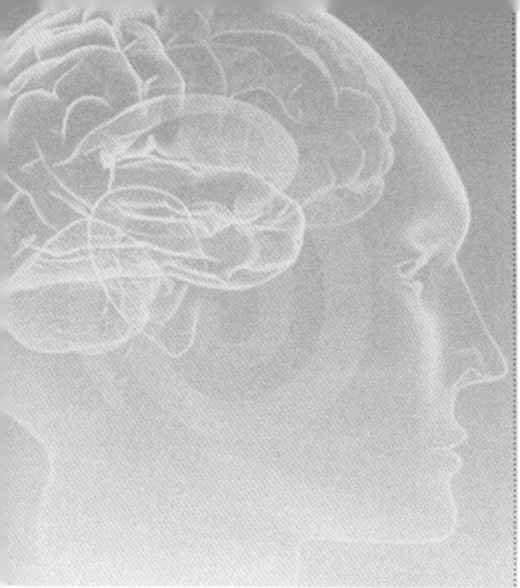

Bibliografia

BRIZENDINE, L. *O Cérebro Feminino*. Lisboa: Alêtheia Editores, 2006.

CARTER, R. *Livro de Ouro da Mente*. Rio de Janeiro: Ediouro, 1999

EMMET, R. *The Clutter-Busting Handbook: Clean It Up, Clear It Out, and Keep Your Life Clutter-Free*. Nova York: Walker & Company, 2005.

KEIRSEY, D.; BATES, M. *Please Understand Me: Character & Temperament Types*. Nova York: Prometheus Nemesis, 1984.

MELLAN, O. *Money Harmony: Resolving Money Conflicts in Your Life and Relationships*. Nova York: Walker & Company, 1995.

MOIRE, A.; JESSEL, D. *Brain Sex: The Real Difference Between Men and Women*. Nova York: Dell Publishing, 1992.

TANNEN, D. *Você Simplesmente Não Me Entende: o Difícil Diálogo entre Homens e Mulheres*. Rio de Janeiro: Editora BestSeller, 1990.

WARREN, N. C. *How to Know if Someone Is Worth Pursuing in Two Dates or Less*. Nashville: Thomas Nelson, 1999.

Outros Livros, CDs e DVDs Que Você Pode Apreciar

BELL, A. H.; SMITH, D. M. *Difficult People at Work: How to Cope, How to Win*. Nova York: MJF Books, 2004.

BRINKMAN, R.; KIRSCHNER, R. *Aprendendo a Lidar com Pessoas Difíceis*. Rio de Janeiro: Editora Sextante, 2006.

CAMPBEL, C. O.; CAMPBELL, G. O. *Views From a Pier: Visions of Hope, Dreams, Awareness, and Peace*. Barrington: PERQ Publications, 1995.

CAMPBELL, J.; COUSINEAU, P. *Jornada do Herói*. São Paulo: Editora Ágora, 2004.

BALNICKLE J.; KENNARD D. (diretores). (documentário). *Joseph Campbell: A Jornada do Herói*. EUA: Acádia, 1988.

CAMPBELL, J.; MOYERS, B. *O Poder do Mito*. São Paulo: Editora Palas Athena, 1990.

CHIAZZARI, S. *The Complete Book of Color: Using Color for Lifestyle, Health, and Well-Being*. Boston: Element, 1998.

CLINE, F. W.; FAY, J. *Parenting with Love and Logic: Teaching Children Responsibility*. Colorado: Pinon Press, 1990.

CONROY, E. *The Symbolism of Color*. Londres: Rider, 1921.

DIAMANT, A. *Pitching My Tent: On Marriage, Motherhood, Friendship, and Other Leaps of Faith*. Parsipanny: Simon & Schuster, 2003.

EMMET, R. *Não Deixe para Depois o Que Você Pode Fazer Agora*. Rio de Janeiro: Editora Sextante, 2008.

EMMET, R. *Por Que as Crianças Deixam Tudo para Depois*. São Paulo: Editora Gente, 2003.

EYRE, L.; EYRE, R. *O Livro da Valorização da Família*. São Paulo: Makron Books, 2003.

FONTANA, D. *A Linguagem dos Símbolos*. Lisboa: Editorial Estampa, 2005.

FOSTER, D. G.; MARSHALL, M. *How Can I Get Through to You? Breakthrough Communication Beyond Gender, Beyond Therapy, Beyond Deception*. Nova York: Hyperion, 1994.

GINOTT, H.G. *Between Parent and Child*. Nova York: Avon Books, 1969.

GOODMAN, E.; O'BRIEN, P. *I Know Just What You Mean: The Power of Friendship in Women's Lives*. Parsipanny: Fireside, 2001.

ISAY, J.; *Walking on Eggshells: Navigating the Delicate Relationship Between Adult Children and Parents*. Nova York: Flying Dolphin Press, 2007.

JUNG, C. G.; *O Homem e seus Símbolos*. Rio de Janeiro: Editora Nova Fronteira, 1996.

KEIRSEY, DAVID.; *Please Understand Me II: Temperament, Character, Intelligence*. Del Mar: Prometheus Nemesis, 1998.

KÜBLER-ROSS, E.; KESSLER, D.; *Life Lessons:Two Experts on Death and Dying Teach Us About the Mysteries of Life and Living*. Nova York: Scribner, 2000.

LEGATO, M. J.; *Por Que os Homens Nunca Lembram e as Mulheres Nunca Esquecem*. Rio de Janeiro: Editora Campus, 2005.

MELLAN, O. *Secret Language of Money* (CD). Washington: Olivia Mellan & Associates.

MILLER, M. BrainStyles: *Mude sua Vida sem Mudar Quem Você É*. São Paulo: Editora Educator, 1999.

MOYERS, B., CAMPBELL, J.; LUCAS, G.; *Joseph Campbell and the Power of Myth* (documentário). EUA: Mystic Fire Video, 1988.

MYERS BRIGGS, I. *Gifts Differing: Understanding Personality Type*. Mountain View: Davies-Black Publishing, 1995.

NIERENBERG, G. I.; CALERO, H. H. *How to Read a Person Like a Book*. Nova York: Barnes & Noble, 2004.

PEASE, A.; PEASE, B. *Why Men Don't Listen and Women Can't Read Maps: How We're Different and What to Do About It*. Nova York: Broadway, 2001.

ROBERTS, C.; ROBERTS, S. *From This Day Forward*. Nova York: Harper Perennial, 2001.

ROSSBACH, S.; YUN, L. *Feng Shui e a Arte da Cor*. Rio de Janeiro: Editora Campus, 1998.

ZICHY, S. *Women and the Leadership Q: Revealing the Four Paths to Influence and Power*. Nova York: McGraw-Hill.

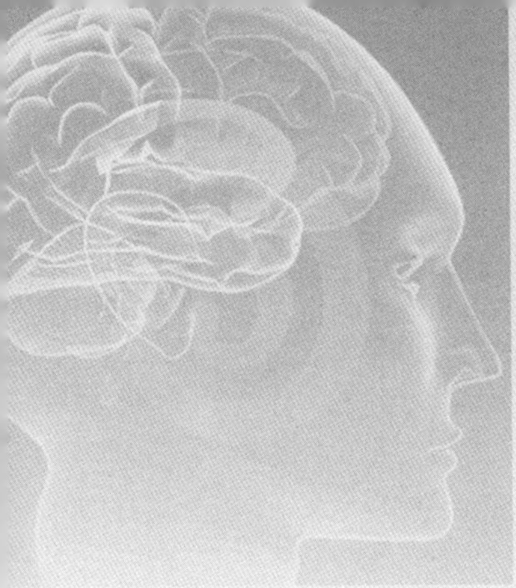

Índice

A

adolescente – 64, 65, 86, 100
amarelo – 8, 9, 12-16, 19-23, 25, 30
ambiente – 31-35, 37-49, 51, 69
amigo – 24, 41, 60, 61, 85, 91, 105, 118, 123, 129
amor – 13, 14, 47, 58, 66, 96, 100, 123, 129
Anais Nin – 49, 123
Anne Moir – 123
Antigo Egito – 123
apreciação – 11, 12, 25, 91, 123
aprovação – 64, 123
arco-íris – 17, 21-23
arco-íris do cérebro – 17, 21-23
assumir riscos – 59, 97, 123, 129
atitudes – 47, 100, 108, 123
Audre Lorde – 55, 123
autoconfiança – 9, 14, 21, 123
autoestima – 11, 31, 123, 129
azul – 8, 9, 13, 18, 21, 27, 33, 44, 55, 58, 60, 87, 90, 91, 96, 98, 107, 117, 130, 131

B

Bessie P. Owens – 61, 123

C

C. S. Lewis – 23, 123
características – 3, 7, 8, 20, 34, 46, 51, 96, 123
caráter – 123
Carl Jung – 15, 75, 123
celebração – 79, 90, 96, 105, 108-110, 117
claridade – 103, 123
colaborador – 123
compartilhar – 3, 23, 41, 55, 61, 65, 85, 110, 123, 129, 130
compatibilidade, 18, 22, 42, 123
complementaridade – 12, 19, 20, 25, 34, 47, 91, 102, 114
comportamento – 12, 19, 25, 34, 47, 82, 91, 92, 96, 114, 116, 123, 130
compreensão – 3, 33, 51, 55, 89, 90, 123
comunicação – 14, 18, 32, 44, 45, 51, 115, 123, 131
condições ideais – 31, 33, 36, 37, 69, 123, 131
conexão – 81-86, 123
conflito – 12,18-20, 47, 55, 71, 90, 92, 116, 123

confusão – 46, 79, 105-107, 109, 123
conhecimento – 10, 14, 42, 57, 79, 82, 86, 93, 97, 100, 123, 128
contentamento – 108, 123
contraste – 18, 22, 42, 56, 63, 64, 123
controle – 13, 44, 51, 65, 89, 96, 100, 101, 123, 129
cooperação – 9, 18, 32, 34, 42, 50, 54, 82, 123, 131
Cor de Conforto – 15, 18, 20, 123
Cor de Conversão – 18, 123
Cor de Fusão – 18, 20, 123
Cor Nublada – 18, 123
crença – 25, 34, 123
criação – 34, 123
criatividade – 27, 43, 46, 124, 127, 128

D

David Kiersey – 25, 124
Deborah Tannen – 79, 124
desafio – 98, 103, 124
desapontamento – 108, 124
desconforto – 31, 34, 124
desenvolvimento cerebral – 124
diferença – 30, 92, 124
diversão – 10, 20, 43, 47, 65, 70, 106, 108, 114, 124
diversidade – 124

E

emoção – 16, 124
energia – 10, 14, 67, 69, 124
entendimento – 42, 55, 81, 82, 124
equilíbrio – 45, 48, 124
escutar – 79, 80, 124, 130
estresse – 13, 47, 55, 99, 102, 105, 109, 11, 124, 130 ,131
expectativa – 124

F

família – 18, 35, 61, 78, 84, 90, 96, 105, 108, 115, 124, 128-130
fatos – 5, 29, 57, 96, 113, 124
feriados – 4, 105, 109, 124
férias – 56, 60, 68, 78, 105, 124
filho – 65, 70, 77, 99, 117, 124, 129, 132
foco – 52, 91, 124
frustração – 54, 64, 79, 107, 108, 118, 124
fusão – 18, 20 21, 56, 95, 123, 124

G

gênero – 55, 124
Glenn Frank – 30, 124
Grécia Antiga – 124

H

harmonia – 5, 9, 17, 32, 44, 50, 81, 83, 85, 90, 124, 130

I

impulsividade – 15, 124
influência – 11, 18, 97, 103, 124, 128
informação – 3, 35, 41, 107, 124, 132
inteligência – 83, 124
intuição – 13, 93, 96, 101, 124
Isabel Briggs Myers – 124

J

J. Philippe Rushton – 42, 124
Jim Hensos – 124
John De Berry – 109, 124

K

Katharine Cook Briggs – 124
Katharine Hepburn – 65, 124

L

lar – 18, 124
laranja – 8, 10, 14, 15, 19, 20, 22, 29, 45, 51, 63, 71, 87, 92, 106, 124, 131
lógica – 20, 43, 124
Louann Brizendine – 55, 124

M

mal-entendidos – 90, 91, 124
MBTI – Indicador de Tipos Myers-Briggs – 124
memória – 14, 110, 125
moral – 31, 125
motivação – 125
mudança – 52, 79, 86, 96, 103, 109, 116, 125

N

natureza – 34, 57, 58, 93, 115, 125
necessidade – 32, 57-59, 69, 79, 96, 100, 112, 124
Neil Clark Warren – 42, 125
nível de conforto – 18, 125

O

Olivia Mellan – 47, 121, 125
orçamento – 48, 90, 125
organização – 9, 15, 37, 66, 71, 78, 96, 112, 125

P

paz – 13, 35, 44, 112, 125
pedras preciosas – 7, 125
percepção – 24, 25, 36, 41, 69, 125
personalidade – 3, 7, 11, 15, 16, 18, 19, 24, 34, 75, 91, 97, 128
perspectiva – 13, 19, 22, 26, 28, 44, 52, 53, 58, 67, 76, 92, 109, 125, 131
pesquisa – 63, 64, 85, 102, 125, 132
planejamento – 33, 44, 51, 57, 125, 127, 131
ponto de vista – 11, 16, 23, 25, 30, 56, 78, 80, 91, 125
potencial – 7, 9, 17, 18, 20 ,21 25, 34, 37, 125
preocupação – 89, 100, 125
presente – 48, 75, 105, 107, 109, 117, 118, 125
prisma – 17, 125
privacidade – 5, 10, 32, 57, 67, 78, 100, 125, 130
produtividade – 50, 125, 132
programação – 31, 68, 77, 111, 112, 116, 125

R

realidade – 22, 93, 125
regra – 125

relacionamento – 42, 46, 63, 64, 70, 79, 113, 125, 128
relação amorosa – 42, 125
resolução de conflitos – 125
resolução de problemas – 36, 125, 127
respeito – 11, 48, 55, 65, 91, 102, 113, 129
responsabilidade –20 ,64, 76, 81, 92, 125, 129
risco – 125
Rita Carter – 4, 64, 124
Roma Antiga – 125

S

sensibilidade – 16, 20, 55, 83, 115, 125
Sir Isaac Newton – 17, 125
solidão – 107, 125
Stephen Sondheim – 41, 125

T

talentos – 125
tecnologia – 10, 15, 35, 71, 79, 106, 125
tensão – 47, 92, 125
Thich Nhat Hanh – 89, 125
tolerância – 12, 125
tomada de decisões – 33, 36, 99, 100, 103, 116, 125
trabalho – 9, 11, 32-37, 49, 82, 108, 114, 125, 130, 131
tradição budista – 13, 125
tradição chinesa – 14, 125
tradição hindu – 14, 126
tradição japonesa – 126
tradições – 105, 106, 126

V

valor – 4, 8, 18, 28, 126
verde – 10, 13, 14, 16, 19-22, 28, 46, 56, 65, 68, 87, 93, 98, 102, 105, 108, 111, 115, 126, 129-131
Victor Parachin – 110, 126
vida pessoal – 4, 126
vida profissional – 4, 12, 126

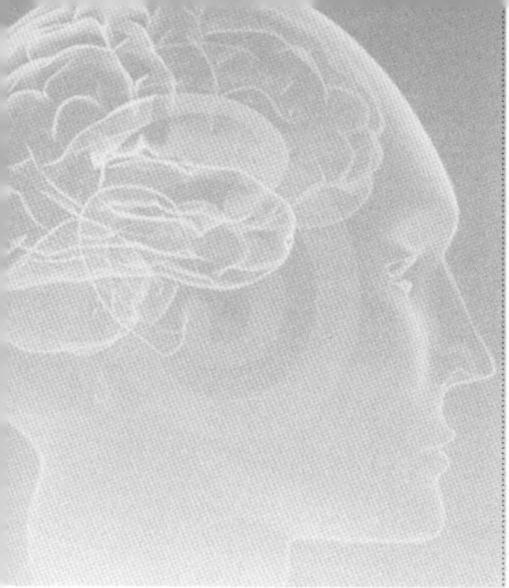

Entrevista Com a Autora

Como surgiu a ideia para o livro A Cor do Seu Cérebro?

A evolução natural dos meus workshops e as perguntas das pessoas sobre *A Cor do seu Cérebro* fizeram surgir a ideia de escrever o livro. Acredito que escrever um livro é como se apaixonar — só acontece quando você está pronto. O tempo certo para escrever as palavras deste livro surgiu e eu estava pronta!

No começo, o conceito de *A Cor do Seu Cérebro* era uma introdução ao meu workshop de planejamento/criatividade na resolução de problemas. Por causa da minha formação profissional, experiência em lecionar, além de cursos de aperfeiçoamento, eu sabia que poderia oferecer para os meus clientes outra técnica criativa de resolução de problemas, que fosse simples e descomplicada tanto para adultos quanto para os jovens.

Os participantes dos workshops gostavam de aprender sobre as Cores do Cérebro, e logo os clientes começaram a solicitar workshops mais longos sobre desenvolvimento pessoal e profissional. Quanto mais workshops eu fazia, mais as pessoas pediam para eu escrever um livro sobre *A Cor do Seu Cérebro*.

Em 1997, eu me senti inspirada a escrever *Princess Shayna's Invisible Visible Gift*, que é um *A Cor do Seu Cérebro* para crianças em formato de contos de fada. Trabalhar com crianças, com seus pais e com professores me deu a oportunidade de conduzir workshops e apresentações. Todos os dados que compilei sobre *A Cor do Seu Cérebro*, observando a atuação das pessoas, ouvindo suas conversas e fazendo anotações em um diário, guardanapos e pedaços de papel, transformaram-se em material de pesquisa que empreguei para escrever *A Cor do Seu Cérebro*.

De que forma suas ocupações anteriores a preparam para sua carreira atual?

Minha família sempre incentivou minha tenacidade, criatividade e espírito de aventura. Esses fatores me prepararam para minhas ocupações anteriores e para minha carreira como autora.

Eu amava lecionar no ensino fundamental, no ensino médio e em cursos de criatividade em diferentes faculdades e universidades. Eu aprendi a reconhecer e a entender os diferentes tipos de personalidade e a me adaptar ao seu estilo de aprendizado em ambientes variados.

Eu estudava segurança e atendimento ao cliente quando meu marido e eu compramos e administramos um negócio no setor de aviação (ambulância aérea, treinamento de voo, aluguel e serviços de manutenção de aeronaves) e gerenciamos o aeroporto municipal de Mammoth Lakes, na Califórnia.

Como palestrante profissional, tive o privilégio de trabalhar com diferentes grupos nos Estados Unidos, Canadá, Europa e América do Sul. Eles me ensinaram sobre suas áreas de especialização, e tive o prazer de ensiná-los sobre As Cores do Cérebro e como elas podem melhorar o desempenho das suas empresas.

Cada ocupação me ofereceu oportunidades para interagir e estudar cada uma das Cores do Cérebro, o que enriqueceu minha vida e me forjou como escritora.

Que carreira a senhora diria que mais a influenciou?

Cada uma das minhas ocupações me deu lições abundantes. Entretanto, sempre me vi como educadora. Acredito que minha experiência em lecionar e meu relacionamento com alunos e clientes foram os fatores que mais exerceram influência sobre mim.

Sou uma educadora que aprecia cultivar dentro e fora da sala de aula. Adoro plantar sementes de conhecimento, ainda que não seja eu a ter a felicidade de cuidar da semeadura, assistir ao seu crescimento e vê-la desabrochar em toda sua beleza. Entretanto, tive o prazer de me encontrar com antigos alunos meus e de manter um relacionamento com meus clientes. É um incentivo e uma alegria perceber como nossas experiências em comum influenciaram suas vidas e a minha.

Isso se mostrou especialmente verdadeiro quando reconheci um antigo aluno. Ele participava de um workshop sobre aperfeiçoamento profissional, muitos anos depois de ter lecionado para sua turma de terceiro grau. Meu coração azul se alegrou quando ele percebeu quem eu era e me contou que seu amor pelo aprendizado foi despertado na minha sala de aula.

De sua visão como educadora, como A Cor do Seu Cérebro pode ajudar crianças a aprender a se relacionar melhor com seus colegas, pais e professores?

A Cor do Seu Cérebro ensina às crianças os três Rs: Responsabilidade, Respeito e Relacionamentos. Uma vez, durante a visita que fiz a uma escola, um aluno do sexto ano me disse: "Quando você conhece as Cores do Cérebro, aprende a se responsabilizar pelas mudanças na sua vida e a respeitar as pessoas diferentes de você... E a ser agradável aos outros mesmo quando existem obstáculos em sua vida".

Pais e filhos se relacionam melhor porque compreendem as Cores do Cérebro uns dos outros e identificam o idioma das Cores do Cérebro como segunda língua. Recentemente, um amigo me confidenciou: "Durante anos eu me surpreendia com o fato de meu filho agir de forma tão diferente do restante da família. Agora, tudo faz sentido... ele é verde".

A Cor do Seu Cérebro também auxilia nossos filhos a serem responsáveis ao assumir riscos em contraposição a jovens que correm riscos. Eles desenvolvem um nível saudável de autoestima, que os faz sentir capazes, valorosos e com poder para estar no controle na escola, em casa e na sua comunidade. Há muitos anos, uma especialista em leitura escreveu sobre o impacto de *A Cor do Seu Cérebro* nos seus alunos. Ela disse: "As lições de autoestima aprendidas pelas crianças são como descascar uma cebola e aproveitar camada por camada. Elas realmente se sentem bem a respeito de si mesmas e das habilidades do mundo real que adquiriram. Os alunos falam com o coração e suas faces se iluminam".

Qual é a sua parte favorita quando divide com outras audiências o conceito das Cores do Cérebro?

Adoro compartilhar *A Cor do Seu Cérebro* com os ouvintes e saber que eles alcançaram seus objetivos. No trabalho com adultos, são três as minhas partes favoritas:

- apreciar o riso contagioso que enche o auditório depois que as pessoas descobrem as Cores do seu Cérebro. Elas começam a comparar sua cor com a das pessoas em volta. É engraçado ouvir: "É por isso que nos damos tão bem, somos da mesma cor!";

- escutar os participantes do workshop fazendo análises sobre parentes e amigos. "Eu me casei com um Cérebro Amarelo e tive três filhos de Cérebro Laranja.";
- observar como rapidamente transferem suas Cores do Cérebro do local de trabalho para sua residência. "Eu tenho de ser Verde no trabalho, mas em casa, é melhor eu ser Azul!".

Já no trabalho com jovens, minhas três partes favoritas são:

- observar os alunos chegarem para a aula com uma camiseta de uma das Cores do Cérebro. "Hoje temos prova de matemática, por isso coloquei minha camiseta Verde.";
- ajudar as crianças na confecção de uma colcha de retalhos com as Cores do Cérebro/Princesa Shayna. Fiquei surpresa e honrada quando a turma me presenteou com uma colcha feita por eles;
- compartilhar as celebrações das Cores do Cérebro/Princesa Shayna com alunos, professores e pais. Em uma ocasião, comemos pedaços amarelos de abacaxi, mirtilos (*blueberries*), uvas verdes e fatias de laranja enquanto as crianças nos divertiam contando histórias engraçadas das Cores do Cérebro da sua família.

De que modo A Cor do Seu Cérebro *pode ajudar a alcançar harmonia dentro de casa, entre irmãos ou entre os cônjuges?*

Para alcançar harmonia em casa, incentivo pais e filhos a considerar que *A Cor do Seu Cérebro* é uma explicação e não uma desculpa para o mau comportamento. Posso citar dois exemplos: "Não estou invadindo sua privacidade Verde, estou apenas sendo Azul" ou "sou Laranja, não tenho de seguir suas regras Amarelas".

Os conflitos familiares geralmente são o resultado de uma visão equivocada. Pais e filhos pensam: "Eles são minha família e, por isso, devem automaticamente entender meu comportamento". Desse modo, a "Luz da minha vida" pode se transformar em "Cruz na minha vida" e "Meu Parceiro" em "Meu Pesadelo".[1] Reconhecer as diferentes Cores do Cérebro ajuda os membros de uma família a resolver rápida e facilmente os conflitos. Pais e filhos não culpam

1 Nesse trecho a autora brinca com as expressões *soul mate/cell mate* e *buddy/bully* (N. da T.).

uns aos outros, pois aprenderam a compreender a perspectiva da outra pessoa, sua força, valores, necessidades, prioridades, fatores de estresse e frustrações.

Leva tempo para se reconhecer, compreender e apreciar os atributos e capacidades das Cores do Cérebro de outra pessoa. Porém, quando isso acontece, cria-se um ambiente de cooperação e aceitação entre irmãos e cônjuges.

De que forma A Cor do Seu Cérebro *pode melhorar o ambiente de trabalho?*

Se as pessoas utilizarem As Cores do Cérebro para diminuir o estresse, criar condições ideais de trabalho e estabelecer um trabalho em equipe eficiente, elas podem melhorar seu ambiente de trabalho.

A redução do estresse por meio da modificação da dinâmica do escritório e da dispersão de situações problemáticas se torna mais eficiente quando cada pessoa percebe sua compatibilidade ou incompatibilidade com um determinado colega de trabalho. As Cores do Cérebro os ajudam a reconhecer a separar "questionadores" de "realizadores" e "faladores" de "pensadores".

A Cor do Seu Cérebro pode ser utilizada para a avaliação efetiva de um cargo, da equipe e na contratação de funcionários para criar condições ideais de trabalho nas quais cada uma das Cores do Cérebro possa se destacar. Por exemplo:

- pessoas que fazem planejamento financeiro possuem Cérebro Amarelo e precisam de manuais com a descrição dos cargos;
- assistentes sociais possuem Cérebro Azul e precisam de *feedback* genuíno;
- pessoas que prestam consultoria técnica possuem Cérebro Verde e gostam de dados e sistemas;
- profissionais da área de vendas possuem Cérebro Laranja e buscam resultados imediatos.

Para construir uma empresa bem-sucedida, é vantajoso montar equipes de trabalho eficientes em um ambiente cooperativo. Compreender como é possível conectar e motivar cada membro da equipe é importante para alcançar o sucesso.

- Um Cérebro Amarelo é pontual nas reuniões e ajuda a organizar um planejamento.
- Um Cérebro Azul incentiva a troca de ideias e a comunicação.
- Um Cérebro Verde desenvolve uma estratégia eficiente para a execução do planejamento.
- Um Cérebro Laranja fará vendas com entusiasmo e alcançará os resultados necessários ao sucesso.

A implementação das Cores do Cérebro aumenta a produtividade, economiza tempo e dinheiro e cria um ambiente de trabalho cooperativo.

Por que a senhora destina parte dos recursos conseguidos com a venda do livro para a Fundação para Pesquisa do Diabetes Juvenil (JDRF, na sigla em inglês)?

Eu destino 10% da verba para a JDRF por causa do meu compromisso em ajudar a encontrar a cura e oferecer conforto, informação e incentivo às crianças e seus familiares que enfrentam os desafios do diabetes.

Eu não sou uma pesquisadora que trabalha para encontrar a cura para o diabetes; no entanto, sou uma escritora que, por intermédio de suas palavras, levanta fundos para oferecer suporte financeiro, além de despertar uma consciência maior sobre a doença.

Também desejo homenagear meu filho mais velho, Joshua, que tem diabetes tipo I, meu pai que tem diabetes tipo II e os milhões de jovens e adultos e suas famílias pelo mundo afora que lidam diariamente com os "altos e baixos" do diabetes.